… Morbihan… à pied®

	Durée	Nom du circuit	page
1	3h	Saint-Trémeur	76
2	3h	Saint-Maur	80
3	3h	Les chapelles du Faouët	82
4	3h	Boucle de Kerscoulic	28
5	4h	Les sources de l'Aër	30
6	3h	Circuit du Scorff	34
7	4h	Le grand circuit de Bubry	36
8	5h30	Boucle de Kerautum	40
9	3h	La vallée de la Sarre	44
10	3h	Le lac de Guerlédan	46
11	4h	Circuit des écluses et de Branguily	48
12	3h30	Circuit des Rouëts	50
13	5h15	Les Fontaines à Mauron	52
14	3h	Les Landes rennaises	56
15	3h	Balade de Trégranteur	58
16	1h40	Les landes de Lizio	60
17	2h20	Sentier botanique de Lizio	62
18	3h30	Entre la rivière d'Oust et le canal	64
19	3h45	Boucle du Chaperon rouge	66
20	3h	La Butte du Dran	68
21	3h	Les Tablettes de La Gacilly	70
22	3h	Circuit du Moulin du Quip	72
23	3h	Buttes et marais de Saint-Dolay	74
		Circuit des Moulins	82
27	2h	Le tour de Rochefort-en-Terre	84
28	1h40	La vallée de Tohon	86
29	5h	Les vieux villages de Sulniac	88
30	2h50	La Pointe du Grand-Mont	90
31	1h40	Le bois de Kérozer à Saint-Avé	92
32	1h20	Balade d'Assenac à Ploeren	94
33	5h15	Circuit de Botségalo	96
34	1h30	Kérhéro, au fil de l'eau	98
35	3h30	Les landes de Bignan	100
36	3h	L'eau en forêt de Camors	102
37	2h40	Les deux rivières du Bono	104
38	3h	Chapelles et fontaines de Ploemel	106
39	3h	Saint-Julien - Pointe du Conguel	108
40	3h30	Plouhinec, entre terre et mer	110
41	3h	Les berges du Roch	112
42	3h15	Mané Braz - Bois de Trémelin	114
43	3h	Saint-Urchaud	116
44	3h	Entre Loc'h et Laïta	118
45	3h15	Les sables de Ploemeur	120

Dans le golfe du Morbihan / PHOTO Y.B.

Les itinéraires de randonnée pédestre connus sous le nom de "GR", jalonnés de marques blanc-rouge, sont une création de la Fédération française de la randonnée pédestre. Ils sont protégés au titre du code de la propriété intellectuelle. Les marques utilisées sont déposées à l'INPI. Nul ne peut en disposer sans autorisation expresse. Sentier de Grande Randonnée, Grande Randonnée pays, Promenade & Randonnée, Randocitadines, « A pied en famille », « les environs de... à pied », sont des marques déposées, ainsi que les marques de couleur blanc-rouge et jaune-rouge.

2e édition : février 2008 - ISBN 978-2-7514-0262-3 © IGN 2008 (fonds de cartes) -
Dépôt légal : février 2008

TopoGuides®

Les départements de France
Le Morbihan
... à pied®

45 PROMENADES & RANDONNÉES
PR® À L'INITIATIVE DU COMITÉ DÉPARTEMENTAL DE LA RANDONNÉE PÉDESTRE DU MORBIHAN

Morbihan Conseil général

FFRandonnée
www.ffrandonnee.fr

INFOS PRATIQUES

Bien préparer sa randonnée

QUATRE NIVEAUX DE DIFFICULTÉS À CONNAÎTRE

Les randonnées sont classées par niveaux de difficulté. Elles sont différenciées par des couleurs dans la fiche de chaque circuit.

TRÈS FACILE > **Moins de 2 heures de marche**
Idéal à faire en famille. Sur des chemins bien tracés.

FACILE > **Moins de 3 heures de marche**
Peut être faite en famille. Sur des chemins avec quelques passages moins faciles.

MOYEN > **Moins de 4 heures de marche**
Pour les randonneurs habitués à la marche. Avec quelquefois des endroits assez sportifs et/ou des dénivelées.

DIFFICILE > **Plus de 4 heures de marche**
Pour des randonneurs expérimentés et sportifs. L'itinéraire est long et/ou difficile (dénivelées, passages délicats).

Durée de la randonnée

La durée est calculée sur la base de 3 km/h pour les balades vertes et bleues, et de 4 km/h pour les randonnées rouges et noires. La durée indiquée tient compte de la longueur et des dénivelées. Si vous randonnez avec des enfants, reportez-vous page 8.

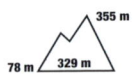

Les itinéraires de Promenades et Randonnées (PR) sont en général des boucles : on part et on arrive au même endroit.

Les dénivelées signalées dans ce guide sont approximatives et peuvent légèrement varier selon l'outil de mesure utilisé.

355 m
78 m   329 m

COMMENT SE RENDRE SUR PLACE ?
En voiture

Tous les points de départ sont en général accessibles par la route. Un parking est situé à proximité du départ de chaque randonnée. Ne laissez pas d'objet apparent dans votre véhicule.

Veillez à ce que votre véhicule ne gêne pas le passage des engins forestiers ou agricoles, même le dimanche. Il est interdit de stationner derrière les barrières de routes forestières.

Par les transports en commun

L'accès par les transports en commun est signalé à la rubrique Situation de chaque itinéraire. Attention, certains services sont réduits ou inexistants les week-ends, jours fériés et période de congés scolaires.
SNCF > tél. 36 35 (0,34 euro/minute) ou www.voyages-sncf.com

INFOS PRATIQUES

BIEN PRÉPARER SA RANDONNÉE

L'ÉQUIPEMENT D'UNE BONNE RANDONNÉE

Les chaussures
Les chaussures de randonnée doivent être confortables et garantir un bon maintien du pied et de la cheville. Si elles sont neuves, prenez le temps de les faire à votre pied avant. Les tennis seront limitées à une courte marche d'une ou deux heures.

Le sac à dos
Un sac de 20 à 40 L conviendra largement pour les sorties à la journée.

Les vêtements
Le système des « 3 couches » est fondamental : sous-vêtement en fibres synthétiques, pull ou sweat en fibre polaire, coupe-vent, de préférence respirant.

Équipement complémentaire
Une paire de lacets, de la crème solaire, une casquette, des lunettes, une trousse de secours, une boussole, un appareil photo.

4 indispensables à ne pas oublier !

1 > Bien s'hydrater
La gourde est l'accessoire indispensable, été comme hiver.

2 > Toujours dans la poche !
Un couteau multi-fonctions.

3 > Mieux observer
En montagne ou dans un parc, une paire de jumelles.

4 > Mieux se repérer
Une lampe torche en cas de tunnel, grotte.

Autres > un pique-nique ou, pour les courtes marches, quelques provisions qui aideront à terminer un itinéraire, surtout avec des enfants.

INFOS PRATIQUES

BIEN PRÉPARER SA RANDONNÉE

QUAND RANDONNER ?
Avant de partir, toujours s'informer sur le temps prévu :
Météo France : tél. **32 50** ou www.meteo.fr

En période estivale
Les journées longues permettent les grandes randonnées, mais attention au coup de chaleur. Il faut s'astreindre à boire beaucoup : environ cinq à six gorgées toutes les 20 minutes, soit au minimum 1,5 L d'eau par personne pour une demi-journée de marche.

En automne-hiver
Pendant la saison de la chasse, de fin septembre à fin février, ne vous écartez pas des chemins balisés, qui sont tous des chemins ouverts au public (de chaque côté du chemin, le terrain est propriété privée). En hiver, veillez à ne pas déranger la faune sauvage, observez les traces sans vouloir les suivre.

DÉSAGRÉMENTS ET DANGERS

L'orage
Ne pas rester debout sous un arbre ou un rocher, ou près d'une cabane ; s'éloigner des cours d'eau et des pylônes. S'accroupir sur ce qui peut être isolant (sac, corde), tenir les deux pieds bien serrés.

La chaleur excessive
Protégez-vous la tête et le corps, buvez souvent. Dès les premiers signes (maux de tête, nausées), il est indispensable de s'arrêter, de se mettre à l'ombre et de boire frais à petites gorgées.

La baignade
Le danger principal est le choc thermique. Il faut entrer progressivement dans l'eau, et renoncer en cas de sensation anormale (grande fatigue, vertige, bourdonnements d'oreille...).

**n° d'urgence
Secours 112
Pompiers 18
Samu 15
Gendarmerie 17**

Marcher le long d'une route
Mieux vaut marcher en colonne le long d'une route. La nuit, chaque colonne empruntant la chaussée doit être signalée à l'avant (feu blanc ou jaune) et à l'arrière (feu rouge).

INFOS PRATIQUES

Quelques adresses pour vous aider

OFFICES DE TOURISME DU MORBIHAN (OT) ET SYNDICATS D'INITIATIVE (SI)

Ouverts toute l'année
- Auray, tél. 02 97 24 09 75
- Baud, tél. 02 97 39 17 09
- Belle-Ile-en-Mer, tél. 02 97 31 81 93
- Carnac, tél. 02 97 52 13 52
- Erdeven, tél. 02 97 55 64 60
- Guer, tél. 02 97 22 04 78
- Josselin, tél. 02 97 22 36 43
- Le Faouët, tél. 02 97 23 23 23
- La Gacilly, tél. 02 99 08 21 75
- Locminé, tél. 02 97 44 22 58
- Lorient, tél. 02 97 21 07 84
- Muzillac, tél. 02 97 41 53 04
- Ploërmel, tél. 02 97 74 02 70
- Plouay, tél. 02 97 33 11 14
- Pontivy, tél. 02 97 25 04 10
- Quiberon, tél. 02 97 50 07 84
- Rochefort-en-Terre, tél. 02 97 43 33 57
- Sarzeau, tél. 02 97 41 82 37
- Vannes, tél. 02 97 47 24 34

Ouverts en saison
- Cléguérec, tél. 02 97 38 09 16
- Elven, tél. 02 97 53 33 07
- Grand-Champ, tél. 02 97 66 77 11
- Ile-aux-Moines, tél. 02 97 26 32 45
- Larmor-Baden, tél. 02 97 58 01 26
- Ploemeur, tél. 02 97 82 95 97
- Port-Louis, tél. 02 97 82 52 93
- Saint-Aignan, tél. 02 97 27 51 73

COMITÉ RÉGIONAL DE TOURISME (CRT)
Le Comité régional du Tourisme publie des brochures d'informations touristiques (gratuites) sur la région
- CRT de Bretagne, tél. 02 99 36 15 15

COMITÉ DÉPARTEMENTAL DU TOURISME (CDT)
- CDT du Morbihan, P.I.B.S., allée Nicolas Le Blanc, BP 408, 56010 Vannes Cedex, tél. 0 825 13 56 56, e-mail : informations-touristiques@morbihan.com

LA FÉDÉRATION FRANÇAISE DE LA RANDONNÉE PÉDESTRE
- Le Centre d'information

Pour tous renseignements sur la randonnée en France et sur les activités de la Fédération française de la randonnée pédestre :
64 rue du Dessous-des-Berges, 75013 Paris / M° Bibliothèque François-Mitterrand, ouvert du lundi au vendredi de 10 h à 18 h, tél. 01 44 89 93 93, fax 01 40 35 85 67, e-mail : info@ffrandonnee.fr ; Internet : www.ffrandonnee.fr

COMITÉ RÉGIONAL DE LA RANDONNÉE PÉDESTRE DE BRETAGNE
- Etic Center, 9 rue des Charmilles, 35510 Cesson-Sévigné, tél. 02 23 30 07 56, e-mail : randobretagne@orange.fr

COMITÉ DÉPARTEMENTAL DE LA RANDONNÉE PÉDESTRE DU MORBIHAN
- Maison du Sport, 9 allée François-Joseph Broussais, Parc d'activité du Ténénio, 56000 Vannes, tél. 02 97 40 85 88, e-mail : rando56@wanadoo.fr ; Internet : assoc.wanadoo.fr/rando56

INFOS PRATIQUES

A CHACUN SON RYTHME...

Les enfants jusqu'à environ 7 ans

Sur le dos de ses parents jusqu'à 3 ans, l'enfant peut ensuite marcher, dit-on, un kilomètre par année d'âge. Question rythme, on suppose une progression horaire de 1 à 2 km en moyenne.

De 8 à 12 ans

On peut envisager des sorties de 10 à 15 km. Les enfants marchant bien mieux en groupe, la présence de copains favorisera leur énergie. Si le terrain ne présente pas de danger, ils apprécieront une certaine liberté, en fixant des points de rendez-vous fréquents.
Les adolescents qui sont en pleine croissance ont des besoins alimentaires plus importants que les adultes.

Les seniors

La marche a pour effet la préservation du capital osseux, et fait travailler en douceur l'appareil cardio-vasculaire. Un entretien physique régulier de 30 minutes à 1 heure de marche quotidienne est requis pour envisager de plus longues sorties. Un bilan médical est recommandé.

Où se restaurer et dormir dans la région ?

TROIS TYPES D'APPELLATION

❶ Alimentation > pour un pique-nique : épicerie, boucherie ou traiteur, à la découverte des produits locaux

❷ Restauration > un café ou un restaurant, pour reprendre son souffle et savourer les spécialités du terroir

❸ Hébergement > de nombreuses possibilités d'hébergement existent : pour plus d'informations, **consulter le comité départemental du tourisme ou les offices de tourisme locaux.**

INFOS PRATIQUES

• • • Tableau des ressources

⊘	🛒	🍴	🏠
Allaire	•	•	•
Bieuzy-les-Eaux	•	•	•
Bignan		•	
Bubry	•	•	•
Camors	•	•	•
Campénéac	•	•	•
Férel		•	•
Grand-Champ	•	•	•
Guégon		•	•
Gueltas	•	•	
Guer	•	•	•
Guern		•	•
Guidel	•	•	•
Inguiniel	•	•	•
Inzinzac-Lochrist	•	•	•
La Gacilly	•	•	•
Langonnet	•	•	
Le Bono	•	•	•
Le Faouët	•	•	•
Le Saint		•	•
Lizio	•	•	•
Malestroit	•	•	•

⊘	🛒	🍴	🏠
Mauron	•	•	•
Monteneuf		•	
Mohon	•	•	
Moustoir-Ac	•	•	•
Muzillac	•	•	•
Nostang	•	•	
Noyal-Muzillac		•	•
Ploemel	•	•	•
Ploemeur	•	•	•
Ploeren	•	•	•
Ploërdut	•	•	•
Plouay	•	•	•
Plouhinec	•	•	•
Pont-Scorff		•	•
Questembert	•	•	•
Quiberon	•	•	•
Rochefort-en-Terre		•	•
Saint-Aignan	•	•	•
Saint-Avé	•	•	•
Saint-Dolay	•	•	•
Saint-Gildas-de-Rhuys	•	•	•
Sulniac	•	•	•

OÙ SE RESTAURER ET DORMIR

INFOS PRATIQUES

Pour mieux connaître la région

CONNAISSANCE GÉOGRAPHIQUE, TOURISTIQUE ET HISTORIQUE DE LA RÉGION
- Aubert S. et Benferhat K., *Le Canal de Nantes à Brest*, éd. Ouest-France
- Briard J., *Dolmens et menhirs*, éd. Gisserot
- Gancel H., *Les Saints qui guérissent en Bretagne*, éd. Ouest-France
- Guigny A., *Les Chemins du Tro Breizh*, éd. Ouest-France
- Huchet P., *Georges Cadoudal et les Chouans*, éd. Ouest-France
- Le Lamer M., *L'Ostréiculture de la rivière*, éd. La Vigie
- Le Stum P., *Arts populaires de Bretagne*, éd. Ouest-France
- Lédan D. et Thiébault J.Y., *Golfe du Morbihan – Grandeur nature,* éd. Keltia graphic
- Minois G, *Nouvelle histoire de Bretagne*, éd. Fayard
- Morvan F., *Contes populaires de la Basse Bretagne*, éd. Terre de Brume
- Rio B. et Buytaert J.L., *Terroirs de Bretagne,* éd. Ouest-France
- Thorel J., *Aimer la cuisine de Bretagne*, éd. Ouest-France
- *Patrimoine naturel de Bretagne – Curieux de nature,* éd. Ouest-France

GUIDES
- *Guides bleus, Bretagne sud,* éd. Hachette
- *Le Petit futé, Morbihan – Vannes-Lorient,* éd. Les Nouvelles éditions de l'Université
- *Morbihan,* éd. Gallimard

HÉBERGEMENT
- A. et C. Mouraret, *Gîtes d'étapes et Refuges, France et frontières,* éd. Rando Editions, site internet : www.gites-refuges.com

SUR LA RANDONNÉE
- Lapointe P., *Les plus belles promenades en famille*, éd. Ouest-France.

CARTES DE LA RÉGION
- **CARTES IGN AU 1 : 25 000 :** N° 0718 E ET O, 0719 E ET O, 0720 ET, 0818 E, 0819 E ET O, 0820 E ET O, 0821 OT, 0918 O, 0919 E ET O, 0920 E ET O, 0921 OT, 0929 O, 1018 E, 1019 E ET O, 1020 E ET O, 1021 E ET O, 1022 OT, 1119 O, 1120 O
- **CARTES IGN AU 1 : 100 000 N°** 13, 14, 15, 16 ET 24
- **CARTES MICHELIN AU 1 : 200 000 N°** 612

Pour connaître la liste des autres topo-guides de la Fédération française de la randonnée pédestre, se reporter au catalogue disponible au Centre d'information (voir « Quelques adresses pour vous aider »).

Y'A CEUX QUI RONRONNENT...
ET CEUX QUI RANDONNENT

Rejoignez la Fédération et prenez votre Randocarte® ; vous bénéficierez :
→ D'une assurance adaptée et performante
→ D'avantages et services

Et en plus, vous soutiendrez les actions menées par la Fédération Française de la Randonnée Pédestre :
→ Création et balisage des itinéraires de randonnée (GR® - GRP® - PR®)
→ Entretien des chemins et sentiers de France
→ Protection de l'environnement

Rejoignez nous...
randonnez l'esprit libre

FFrandonnée
www.ffrandonnee.fr

Pour toute information :
Centre d'informations de la Fédération Française de la Randonnée Pédestre
www.ffrandonnee.fr – tél. 01 44 89 93 93

Gaz de France

FFRandonnée

TopoGuides GR
Une collection exclusive

Pour les amoureux de nature et les sportifs aimant les vraies aventures.

L'outil indispensable pour bien préparer sa rando et cheminer l'esprit serein.

Près de 80 titres dans toute la France.

TopoGuides
La grande traversée des Alpes
Plus de 15 jours de randonnée
GR 5
Grande Randonnée
FFRandonnée
www.ffrandonnee.fr

Tout le catalogue en ligne
www.ffrandonnee.fr

TopoGuides
La meilleure façon de marcher

Création : Satbacane Design

INFOS PRATIQUES

Suivez les balisages de la **FFRandonnée**

BIEN PRÉPARER SA RANDONNÉE

LES TYPES DE BALISAGE

	1 GR®	2 GR® PAYS	3 PR®
Type de sentiers			
Bonne direction			
Tourner à gauche			
Tourner à droite			
Mauvaise direction			

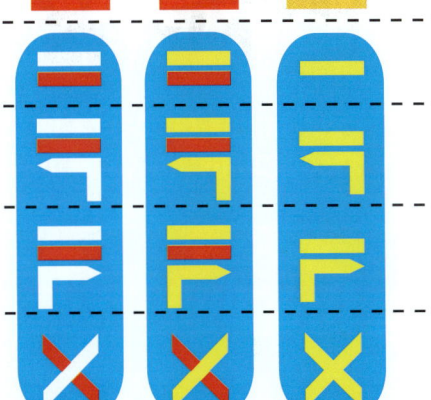

1 Grande Randonnée / **2** Grande Randonnée de Pays / **3** Promenade & Randonnée

MARQUAGES DES BALISAGES

Le jalonnement des sentiers consiste en marques de peinture sur les arbres, les rochers, les murs, les poteaux. Leur fréquence est fonction du terrain.

Les baliseurs : savoir-faire et disponibilité

Pour cheminer sereinement, 6 000 bénévoles passionnés s'activent toute l'année, garants d'un réseau d'itinéraires de 180 000 kilomètres de sentiers, sélectionnés selon des critères de qualité.

Rejoignez-nous et randonnez l'esprit libre

Pour mieux connaître la fédération, les adresses des associations de votre département, pour tout savoir sur l'actualité de la randonnée, pour adhérer ou découvrir la collection des topo-guides.

Tout sur www.ffrandonnee.fr

Création : Sarbacane Design

FFRandonnée

INFOS PRATIQUES

LA FFRandonnée AUJOURD'HUI ?

La Fédération française de la randonnée pédestre, c'est plus de 190 000 adhérents, 3 000 associations affiliées, 180 000 km de sentiers balisés GR® et PR®, 120 comités régionaux et départementaux, 4 000 animateurs, 6 000 baliseurs bénévoles, 260 topo-guides, un magazine de randonnée *Passion Rando Magazine* et un site Internet : www.ffrandonnee.fr.

PARTENARIAT : engagé depuis 1992, Gaz de France soutient l'ensemble des secteurs d'activités de la Fédération : sentiers, balisage, édition et information du grand public.

Passion Rando Magazine, le magazine des randonneurs

Passion Rando Magazine apporte aux amoureux de la rando et d'authenticité toutes les pistes de découverte des régions de France et à l'étranger, les propositions d'itinéraires, d'hébergements et des bonnes adresses.
En valorisant les actions locales d'engagement pour la défense de l'environnement et d'entretien des sentiers, Passion Rando Magazine porte un message sur le développement durable, la préservation de la nature et du réseau d'itinéraires de randonnée pédestre.
Abonnez-vous sur www.ffrandonnee.fr

Des sentiers balisés à travers toute la France

PARTEZ TRANQUILLE AVEC LA RandoCarte®
4 atouts au service des randonneurs

- Une assurance spéciale « randonnée »
- Une assistance 24/24 h et 7/7 jours en France comme à l'étranger
- Des avantages quotidiens pour vous et vos proches
- Un soutien à l'action de la Fédération française de la randonnée pédestre et aux bénévoles qui entretiennent vos sentiers de Grande Randonnée et de Promenades et Randonnées

Vous aimez la randonnée

Depuis plus d'un demi-siècle, la Fédération vous propose une assurance, adaptée et performante dont profitent déjà plus de 190 000 passionnés. Faites confiance à la RandoCarte® : elle vous est conseillée par des spécialistes du terrain, passionnés de randonnée…
Une fois encore, ils vous montrent le chemin !

LA FÉDÉRATION FRANÇAISE DE RANDONNÉE

... des coins de **paradis** inaccessibles en voiture ...

Crédit : Noctampub

Choisissez
vos randonnées
sur www.morbihan.fr

Brochures sur demande au 02 97 54 80 66

Morbihan
Conseil général

Découvrir
Le Morbihan

Entre **terre** et **mer**

Le golfe, petite mer enchâssée dans le massif armoricain, a donné son nom au département: Morbihan. Il compte, dit-on, autant d'îles que de jours dans l'année. Ici, au pays du sinagot et du dundee-thonier, l'eau est reine. Elle s'étend sur quelque 260 km de voies navigables et 420 km de littoral entre Guidel et la pointe du Bile à Pénestin. Les courants chauds du Gulf Stream et la clémence d'une température océanique favorisent l'épanouissement d'une végétation luxuriante. Terre de contraste où alternent archipels, falaises, dunes, estrans rocheux et sous-bois ombragés. Terre de marins et de paysans, balayée par les tempêtes d'équinoxe, qui retrouve sa quiétude à chaque printemps naissant. A l'horizon, en plein Atlantique, trônent, majestueuses, les îles de Groix, Houat, Hoëdic et Belle-Ile, si bien nommée. Voici Vannes, Gwened, « la blanche » en breton. Dans ce petit port ont transité pendant des siècles les navires chargés de blé, de sel ou des précieuses toiles de lin. Un peu plus loin, la citadelle de Port-Louis veille sur les cinq ports de Lorient tandis que la presqu'île de Quiberon s'étire dans le prolongement des dunes d'Etel et d'Erdeven. La remontée du Blavet puis de l'Oust entraîne le voyageur à Pontivy, Josselin, fief des Rohan, non loin de la forêt de Brocéliande. La balade se fait voyage dans l'histoire avec la traversée de villes d'art comme Auray, et de petites cités de caractère : de Josselin pays du Porhoët, Lizio, Rochefort-en-Terre, Malestroit ou la Roche-Bernard à l'embouchure de la Vilaine. De tout temps, l'homme a séjourné en Morbihan comme en témoignent les alignements de pierres de Carnac, Monteneuf ou les signes magiques de Gavrinis. Autant de témoins debout d'une histoire qui se construit.

PHOTOS (DE GAUCHE À DROITE)
PORT-LOUIS / PHOTO CDT 56
POUTRES SCULPTÉES. / PHOTO J.C.
ORCHIS MACULÉE / PHOTO Y.B.,
CORMORANS HUPPÉS / PHOTO E.B.

HUÎTRE CREUSE / DESSIN P.R.

LE MORBIHAN • 17

Sa faune

Chaque coin de Morbihan est riche de sa faune. La sterne se plaît dans l'archipel d'Houat et Hoëdic, bien que traquée par le goéland marin, qui a élu domicile dans les hauteurs des îles et le goéland brun qui lui, sillonne les plages. Au sommet des vagues moutonneuses, souvent en rase-mottes, l'on aperçoit le cormoran huppé en quête d'un poisson étourdi tandis qu'au-dessus des bateaux, au retour de pêche, tournoient les goélands argentés, voraces et conquérants. Loin des hommes et des bruits, le pipit maritime tente de séduire sa compagne tandis que le crave à bec rouge, sorte de petit corbeau, le pétrel fulmar et le pigeon biset chassent leurs proies. Dans les zones marécageuses, se font plus discrets le héron cendré, le tadorne, le grèbe huppé ou le courlis cendré. Infatigables, le chevalier gambette, l'aigrette et le bécasseau variable picorent la vase du haut de leurs échasses. Et sans cesse, chaque soir, la mouette rieuse et le vanneau huppé font la navette entre la terre et la zone littorale. Dans les landes et les tourbières, le busard cendré, la linotte ou la fauvette pitchou font entendre leurs cris à celui qui sait l'entendre, tandis qu'au-dessus de nos têtes, vole soudain sur place le faucon crécerelle, les yeux rivés sur un campagnol égaré. Un bruit, et voici le bruant jaune ou le busard cendré qui s'envolent, apeurés. Dans les landes les plus hautes, le verdier protège vaillamment son nid. Grâce à la reconquête de la qualité des eaux, le saumon a fait son retour dans celles du Blavet et du Scorff, compagnon de la truite fario et mille autres poissons argentés. Un instant de quiétude en bord de rivière, et peut-être verrez-vous alors virevolter entre les branches de saules le martin-pêcheur au plumage de mille feux !

GORGE-BLEUE À MIROIR / DESSIN P.R.

PÉNERF / PHOTO P.B.

MARTIN-PÊCHEUR / PHOTO D.L.

Sa **flore**

LAVATÈRE ARBORESCENT / PHOTO P.B.

ORCHIS LAXIFLORA / PHOTO C.I.

LE MORBIHAN

La violence des vents maritimes et le goût du sel ont façonné la flore du littoral. Arbres torturés, lande épineuse, herbe rase et éparse… La lutte, sur la dune, est sans concession. Sur la roche mise à nue, les lichens s'enflamment en permanence de gris, de jaune, de noir parfois. Le genêt maritime, aux formes tordues, sait se faire d'or en été tandis que l'armérie couvre de rose délicat les pentes de la falaise et que la bruyère vagabonde à l'ombre des pins, choisissant par bien-être, les sols acides. La terre de Bretagne compte trois espèces d'ajonc; celui d'Europe est ici le plus développé. Dans le golfe du Morbihan, les marées dévoilent des îlots parsemés de pelouses, d'herbiers et autres salines qui font le bonheur d'une faune sans cesse affamée. Dans les îles, l'œillet sauvage, rare et délicat, sait surprendre le botaniste. La dune est en danger, trop souvent piétinée et envahie. D'importants travaux ont été entrepris pour tenter de la sauver. Planté en grand nombre, l'oyat maintient le sable tout comme le liseron des champs ou le panicaut maritime, petit chardon bleu aux feuilles agressives. Dans les dunes restées sauvages, peut-être verrez-vous s'épanouir l'immortelle des sables, aux senteurs si particulières, ou l'ophrys abeille, orchidée belle et discrète. Au fond de la ria d'Etel, transition entre l'eau douce et l'eau saumâtre, s'épanouissent la spartine, la lavande de mer tandis que de très denses roselières envahissent les marais de Séné, de Suscinio, du Duer, de Vilaine et des étangs de Branguily. À l'Est du département, à l'ombre des chênes, châtaigniers, hêtres et ormes champêtres, une balade s'impose au cœur de la basse vallée de l'Oust, seul ensemble paysager classé grand site naturel en Bretagne intérieure.

AJONCS / DESSIN N.L.

Sa **culture**, son **patrimoine**

FENÊTRE EN GRANIT / PHOTO J.C.

L'histoire du Morbihan est inscrite dans la pierre. L'homme a élu domicile ici depuis des lustres, vouant à ses dieux et ses croyances de gigantesques monuments, menhirs, dolmens, cairns et tumulus. Lignes courbes et brisées, serpents, haches ornent parfois les dalles comme celles de Gavrinis, petite île des chèvres. La christianisation qui suit, mettra à mal ces témoins, dont bon nombre ont été érigés entre le cinquième et le deuxième millénaire avant notre ère. Vers 450 avant Jésus-Christ, les Celtes, venus d'Europe centrale, s'installent dans le Morbihan, côtoyant Vénètes et Romains. Les invasions barbares s'enchaîneront jusqu'au IVe siècle, date à laquelle Bretons, Irlandais et Gallois fondent le royaume de Bretagne. Au XIVe siècle, il est temps de se protéger des Francs et envahisseurs de toutes sortes qui débarquent sur les plages. Alors, l'architecture militaire se développe et les forteresses fleurissent comme celle de Suscinio. Elles deviendront plus compactes, comme celle de Port-Louis, pour faire face au feu de l'ennemi et occuperont alors les zones stratégiques du littoral. Colbert fait de Lorient, siège de la Compagnie des Indes orientales, un port de guerre. Belle-Ile se dote d'une citadelle conçue d'après les modèles de Vauban. En 1490, Jean II de Rohan entreprend la construction du château de Josselin. A partir du XVIIe, les nobles s'installent dans de confortables manoirs et demeures sans omettre d'y graver leurs emblèmes dans la pierre. La maison paysanne est basse, sobre, souvent couverte de chaume. Partout, l'on bâtit des moulins, à eau, à marée ou à vent. Dans le clocher réside bien souvent tout l'orgueil de la société villageoise.

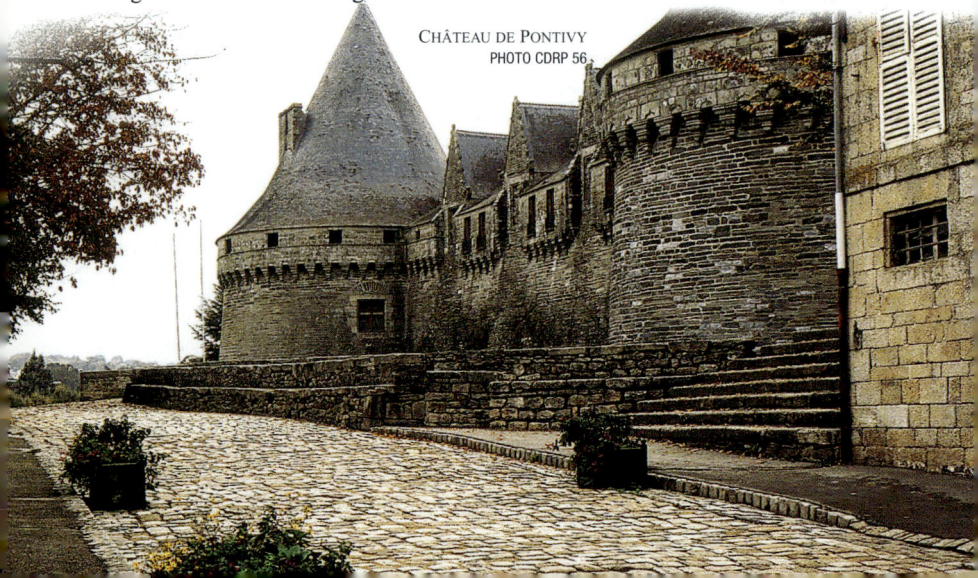

CHÂTEAU DE PONTIVY
PHOTO CDRP 56

CHAUMIÈRE DANS LA VALLÉE DU BLAVET / PHOTO P.A.T.V.B.

LE MORBIHAN

Pendant des siècles, on parle la langue bretonne à l'ouest d'une ligne qui relie Rohan à Muzillac, tandis qu'à l'est, domine le gallo, de langue romane. D'importants efforts sont menés pour sauver ces deux langues, parties intégrantes du patrimoine.

Grâce au bois d'œuvre qui abonde dans les forêts, le Morbihan se distingue par la richesse de son mobilier. Armoires, bonnetières et autres lits clos s'ornent souvent de clous dorés. Chaque commune du département regorge de trésors et mobilier religieux; pendant des années, toute l'activité artistique se concentre sur la représentation divine et l'expression d'une foi sans limites.

Mais le clergé a fort à faire, face à une population restée fidèle aux rites et croyances anciens. Les contes et légendes sont pleins d'histoires de revenants, fées et ankou. Chaque année, le pardon réunit les paroisses et donne l'occasion d'exhiber bannières, objets de culte et statues. Celui de Sainte-Anne-d'Auray rassemble les croyants de toute la région; à Groix, on prie Notre-Dame de Larmor lors de la bénédiction des Courreaux. Le Breton est accueillant et sait recevoir. Sur la table, fume l'appétissante cotriade faite de poissons et crustacés cuits dans leur jus avec légumes et aromates, un plat traditionnel, autrefois préparé à même le pont du bateau. Le beurre ne se déguste ici que salé. Du côté de Plouharnel et Guémené-sur-Scorff, on prépare les pâtés, andouilles et saucissons selon des méthodes ancestrales qui se transmettent de mère en fille. De Quiberon, d'Etel ou du Golfe, l'huître est reine et trône sur tous les plateaux de fruits de mer. Dans le pays de Redon, on prépare encore les paws (bouillie de sarrasin mélangée aux pommes de terre). Au moins une fois par semaine, on déguste la crêpe de froment ou la galette de blé noir, agrémentée d'une bolée de cidre fermier.

INFOS PRATIQUES • **21**

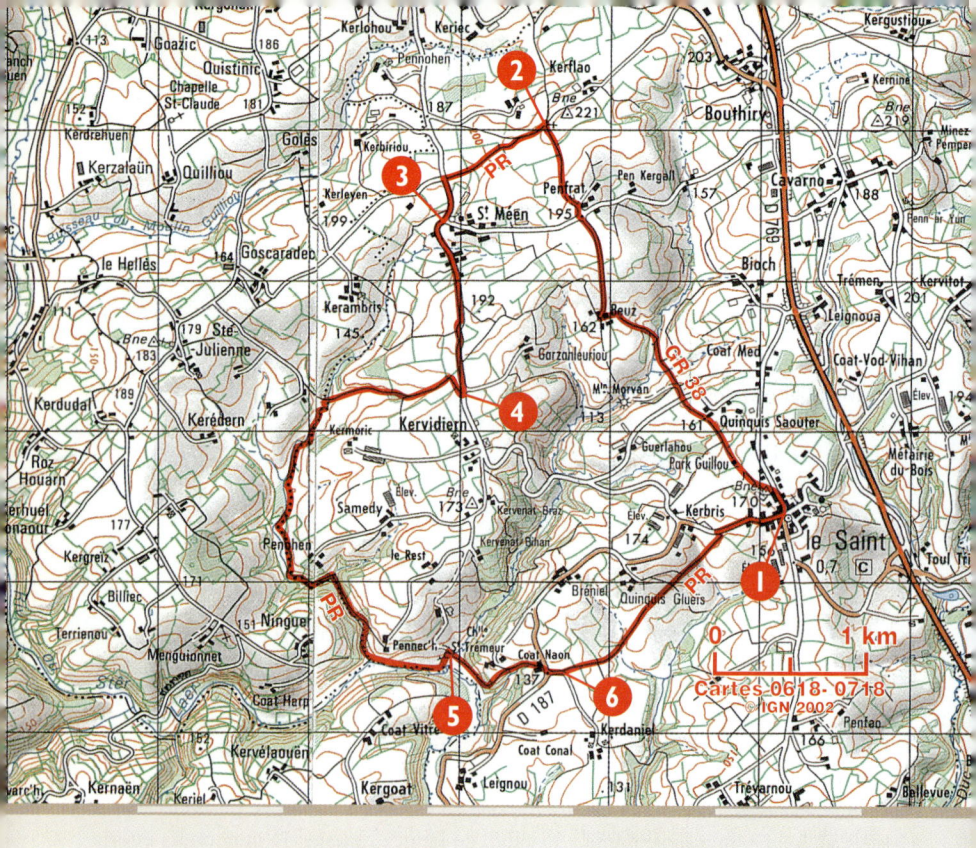

UN PEU D'HISTOIRE
PARTIR TENTER SA CHANCE EN AMÉRIQUE

En 1880, nombreux sont ceux qui ne parviennent pas à tirer de la terre un revenu suffisant pour subsister avec leurs familles. L'argent gagné par les premiers migrants en Amérique fait rêver. Alors, plusieurs centaines de paysans et travailleurs agricoles tentent leur chance de l'autre côté de l'Atlantique. Les usines, les exploitations agricoles et forestières accueillent les premiers aventuriers. Puis le mouvement prend de l'ampleur. Gourin et Le Saint constituaient il y a quelques années, le quart de la communauté bretonne de New-York. En 1993, l'Association Bretagne-Trans-America crée au château de Tronjoly le Centre de rayonnement de la Bretagne et des Bretons dans le monde. Les deux structures fondent en 1999 Bretagne-North America.

STATUE DE LA LIBERTÉ À GOURIN / PHOTO Y. B.

Saint-Trémeur

PR 1

MOYEN
3H • 12KM

Au carrefour du chemin, vous découvrirez les chapelles Saint-Trémeur et Saint-Méen. Une halte s'impose à l'ombre des ifs centenaires, non loin de la fontaine à fronton, à l'Est de l'édifice religieux.

❶ Revenir au carrefour de la rue principale, suivre la rue à droite sur 100 m, puis bifurquer à gauche. Après le cimetière, continuer par le chemin de terre en direction de Quinquis-Saouter. Laisser le hameau à droite, couper la route, franchir le vallon et atteindre Beuz *(hameau en partie ruiné)* sur la colline en face. Emprunter la petite route qui monte au Nord jusqu'au carrefour de Penfrat. Après le croisement, s'engager dans le chemin en face. Il s'élève jusqu'à la croix de Kerflao, située à droite.

❷ Au croisement des chemins, prendre le chemin à gauche vers le Sud-Ouest. Au carrefour routier, suivre la route à gauche pour atteindre Guern-Mazéas.

> A 100 m à gauche, possibilité de voir la chapelle Saint-Méen XVIe et ses ifs centenaires, puis la fontaine à fronton et son blason comtal.

❸ Poursuivre par la petite route vers le Sud sur 1,250 km. Laisser la route de Garzanleuriou à gauche et continuer sur quelques mètres.

❹ S'engager sur le chemin de terre à droite. Il descend vers l'Ouest sur 1 km. Avant le ruisseau, le chemin s'oriente au Sud-Ouest. Longer le ruisseau principal sur 3 km sans le franchir, en restant sur la rive gauche. En vue de la chapelle Saint-Trémeur, traverser la prairie pour la rejoindre.

❺ Partir au Sud-Est pour franchir le ruisseau et emprunter le chemin de terre qui monte à Coat-Naon. Traverser la D 187 et continuer par la petite route en face sur 200 m.

❻ S'engager à gauche sur le chemin qui descend au Nord-Est. Emprunter la D 187 à droite en direction de la place du Saint.

> Avant de remonter à l'église, descendre à droite à la fontaine de la Dévotion, à 100 m.

S SITUATION
Le Saint, à 45 km au Nord de Lorient par la D 769

P PARKING
place de l'Eglise

/ DÉNIVELÉE
altitude mini et maxi, dénivelée cumulée à la montée
216 m
85 m / 270 m

B BALISAGE
1 à 2 > blanc-rouge
2 à 1 > rouge

! DIFFICULTÉS !
passages humides entre **4** et **5**

À DÉCOUVRIR...

> **En chemin :**
• Saint-Méen : chapelle XVIe • chapelle Saint-Trémeur XVIIe • Le Saint : fontaine de Dévotion

> **Dans la région :**
• Priziac : parc aquanature du Stérou
• Le Faouët : musée (exposition de peintures locales), cité des Fourmis et de l'Abeille vivante, halles • Gourin : vue sur les Montagnes Noires, château de Tronjoly
• Roudoualec : if (circonférence : 8,40 m, entre 500 et 700 ans)

• 23

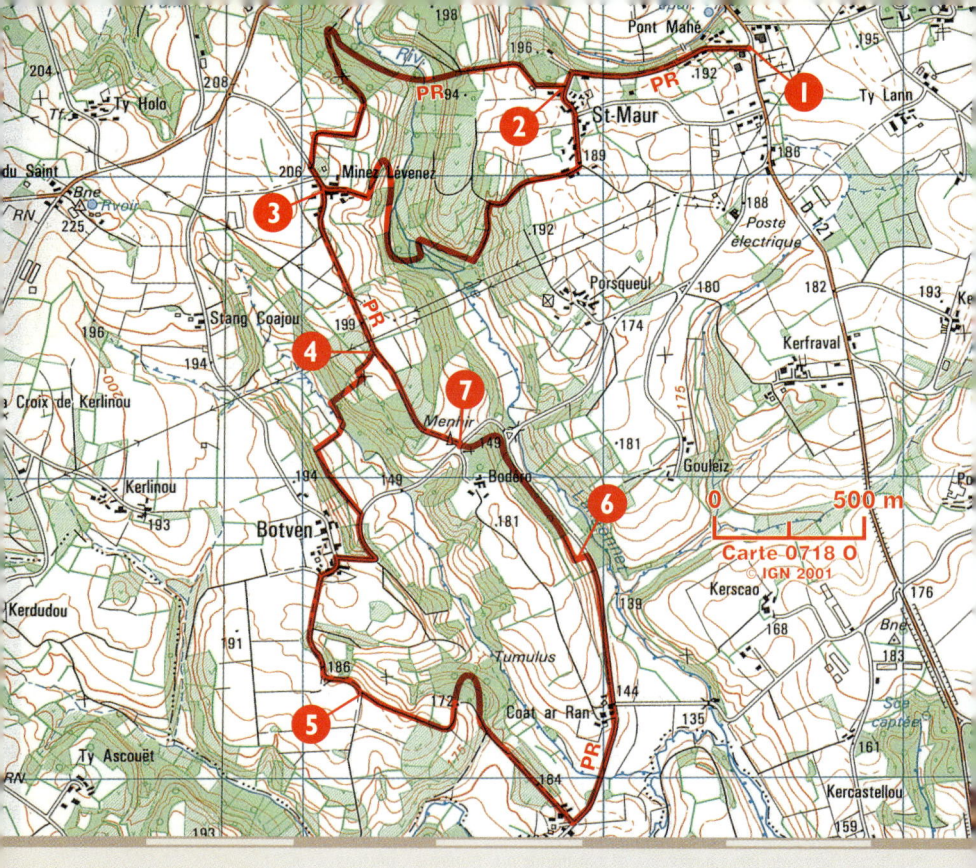

PATRIMOINE
SÉRÉNITÉ À L'ABBAYE DE LANGONNET

Le duc de Bretagne Conan III fonde l'abbaye de Langonnet en 1136, à la demande de sa mère, Ermengarde, à l'endroit même où vivait saint Gonnec au Ve siècle. A la fin du XVe siècle, l'abbaye est pillée par les Ligueurs. Il faut attendre le début du XVIIe siècle pour que l'abbé Paul de Buonacourci envisage sa restauration. Un incendie la détruit en 1788. Elle sera rénovée en 1803 sous le Concordat. De 1808 à 1856, le haras impérial prend possession des murs avant de laisser la place à la congrégation du Saint-Esprit d'Hennebont qui rend à l'abbaye sa destination religieuse. Une quarantaine de prêtres âgés y passent aujourd'hui une paisible retraite. L'abbaye abrite leur musée colonial africain. Fin juillet, on y fête Saint-Maurice, fondateur de l'abbaye de Clohars-Carnoët.

ABBAYE ET CLOÎTRE DE LANGONNET / PHOTO Y. B.

Saint-Maur

Saint-Maur serait le nom de l'ancien bourg de Langonnet, créé au Ve siècle. C'est ici, sur le versant Sud des Montagnes Noires, qu'au XIXe siècle, la Bretagne devra par la force se soumettre aux Francs.

PR® 2

FACILE

3H • 10KM

S SITUATION
Langonnet, à 45 km au Nord de Lorient par les D 769, D 790 et D 121

P PARKING
cimetière

/ DÉNIVELÉE
altitude mini et maxi, dénivelée cumulée à la montée
206 m
144 m 230 m

B BALISAGE
rouge

BERGERONNETTE DES RUISSEAUX / DESSIN P.R.

❶ Emprunter la petite route plein Ouest vers Saint-Maur.

❷ A la bifurcation, tourner à droite et descendre par le chemin. Franchir la rivière de Langonnet et remonter par le chemin à travers bois. Prendre la route à gauche pour gagner Minez-Lévenez.

❸ Dans le village, continuer par le chemin en face, au Sud, sur 500 m.

❹ A l'intersection, tourner à droite, descendre et franchir le ruisseau. Le chemin vire à gauche. Suivre la route à droite et gagner Botven. Dans le hameau, se diriger à gauche puis, à la sortie, emprunter le chemin à gauche *(Sud)*.

❺ A la bifurcation, continuer par le chemin en face et, à l'intersection suivante, prendre le chemin à gauche. Il mène à Barlégan. Emprunter la route à gauche, passer Coat-ar-Ran et poursuivre au Nord sur 500 m.

❻ Monter dans le bois et longer la lisière jusqu'au carrefour de Bodéro *(calvaire)*.

❼ Prendre le chemin qui monte près du menhir et retrouver l'intersection de l'aller.

❹ Rejoindre tout droit Minez-Lévenez.

❸ Dans le hameau, descendre à droite, tourner à gauche vers la rivière et la longer jusqu'à la ruine du moulin. La franchir, puis suivre la rive et remonter à la fontaine Notre-Dame-des-Forces. Se diriger à droite, puis traverser à gauche le hameau de Saint-Maur et retrouver la bifurcation de l'aller.

❷ Tourner à droite pour regagner le parking.

À DÉCOUVRIR...

> **En chemin :**
• Bodéro : menhir et calvaire • fontaine Notre-Dame-des-Forces

> **Dans la région :**
• Langonnet : abbaye Notre-Dame • Le Faouët : musée (exposition de peintures locales), cité des Fourmis et de l'Abeille vivante, halles
• Gourin : vue sur les Montagnes Noires, château de Tronjoly

• 25

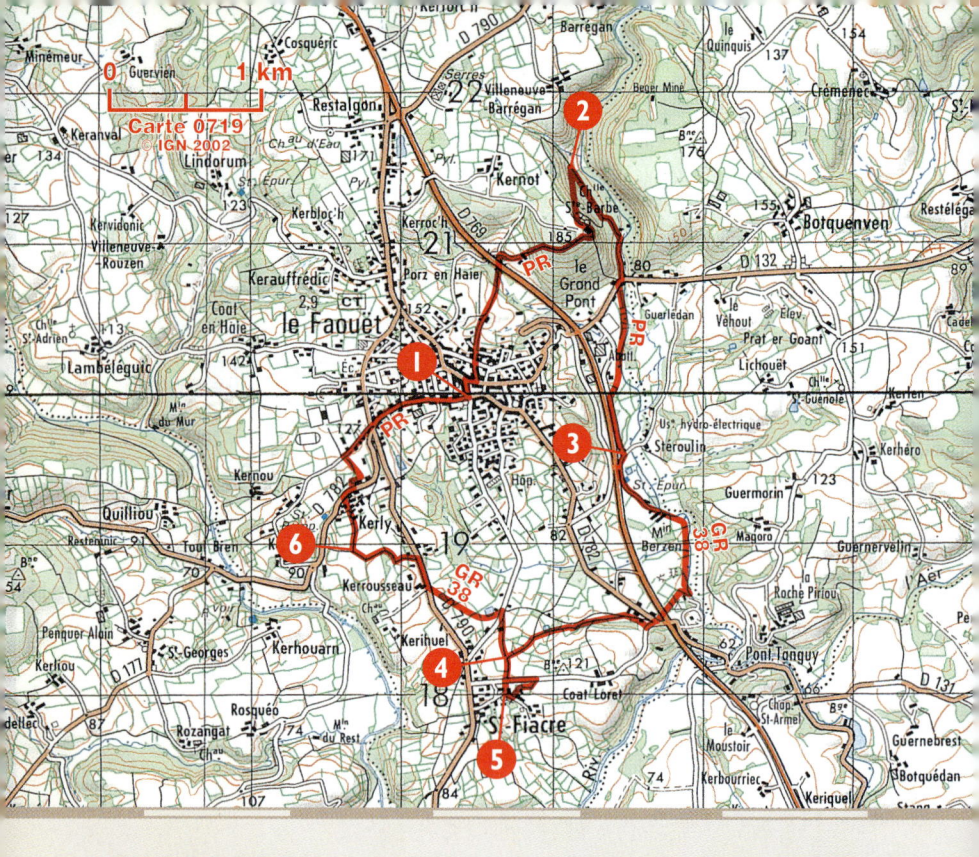

PATRIMOINE
LES CHAPELLES SAINT-FIACRE ET SAINTE-BARBE

La chapelle Saint-Fiacre, de style gothique flamboyant, a été construite entre 1450 et 1480, grâce au mécénat des ducs de Bretagne. Son intérêt réside dans sa richesse architecturale, son mobilier des XVe et XVIe siècles, ses vitraux et son jubé en bois polychrome de 1480 restauré en 2002, l'un des plus anciens conservé en Bretagne. Un pardon s'y déroule le troisième dimanche du mois d'août. La chapelle Sainte-Barbe a été construite de 1489 à 1512 sur un site naturel dominant la vallée de l'Ellé. En 1700, des escaliers monumentaux sont aménagés pour permettre aux pèlerins de rejoindre le parvis de Sainte-Barbe et d'accéder à la chapelle Saint-Michel et à l'ossuaire, sans doute édifiés à la même époque. Un pardon a lieu le dernier dimanche du mois de juin.

ANGELOT DU JUBÉ, EN LA CHAPELLE SAINT-FIACRE / PHOTO Y. B.

Les chapelles du Faouët

PR 3

MOYEN

3H • 11KM

Autant de chapelles, autant de traces laissées par la noblesse morbihannaise durant les siècles passés. A partir du XIXe siècle, voyageurs et peintres se fixent au Faouët pour y fonder une communauté artistique.

❶ Quitter la place des Halles vers le Nord. Emprunter la rue des Halles et continuer tout droit par le chemin qui descend à Ster-Groëz. Passer sous la D 769, gravir les marches en face et monter par le chemin dallé de pierres jusqu'au plateau. Descendre à la chapelle Sainte-Barbe puis, par le chemin dallé qui passe derrière, sur 600 m, à la fontaine.

❷ Revenir sur 50 m et descendre par le chemin à gauche. Traverser la D 132 vers la droite et, après l'habitation, entrer dans le parc à gauche. Longer la rivière, puis continuer par la petite route.

❸ Laisser à gauche la route de Stéroulin. A partir du moulin Berzen, longer à nouveau la rivière de l'Ellé jusqu'au camping. Le contourner par la droite. Passer sous la D 769 puis croiser la D 782. Prendre la route de Coat-Loret. Emprunter le chemin à droite sur 250 m, puis continuer par le chemin à gauche. Il passe à la fontaine à bassins et atteint un croisement en T.

❹ Tourner à gauche vers Saint-Fiacre. Prendre la route à gauche, puis partir à droite et gagner la chapelle.

❺ Virer à droite, couper la route et rejoindre le croisement de l'aller.

❹ Poursuivre en face. Traverser la route à gauche et continuer tout droit jusqu'à la D 790. La longer à droite sur 100 m, puis s'engager sur le chemin à gauche.

❻ A l'intersection, tourner à droite pour se rendre à Kerly. Descendre, longer la D 782 sur 100 m, puis emprunter le chemin à gauche. Monter au stade, par la rue de Kerosa, puis suivre la rue de Quimper afin de regagner la place des Halles.

ECAILLE CHINÉE / DESSIN P. R.

S SITUATION
Le Faouët, à 35 km au Nord de Lorient par la D 769

P PARKING
place des Halles

DÉNIVELÉE
altitude mini et maxi, dénivelée cumulée à la montée

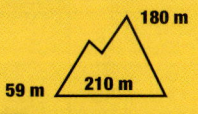

180 m
59 m   210 m

B BALISAGE
1 à 3 > jaune
3 à 6 > blanc-rouge
6 à 1 > jaune

À DÉCOUVRIR...

> En chemin :
• fontaine et chapelle Sainte-Barbe • Saint-Fiacre : chapelle XVe et fontaine
• Le Faouët : halles XVe

> Dans la région :
• Priziac : chapelle et jubé Saint-Nicolas
• Lanvénégen : chapelle Saint-Urlo, manoir de Saint-Quijeau • Berné : site de Pontcallec

• 27

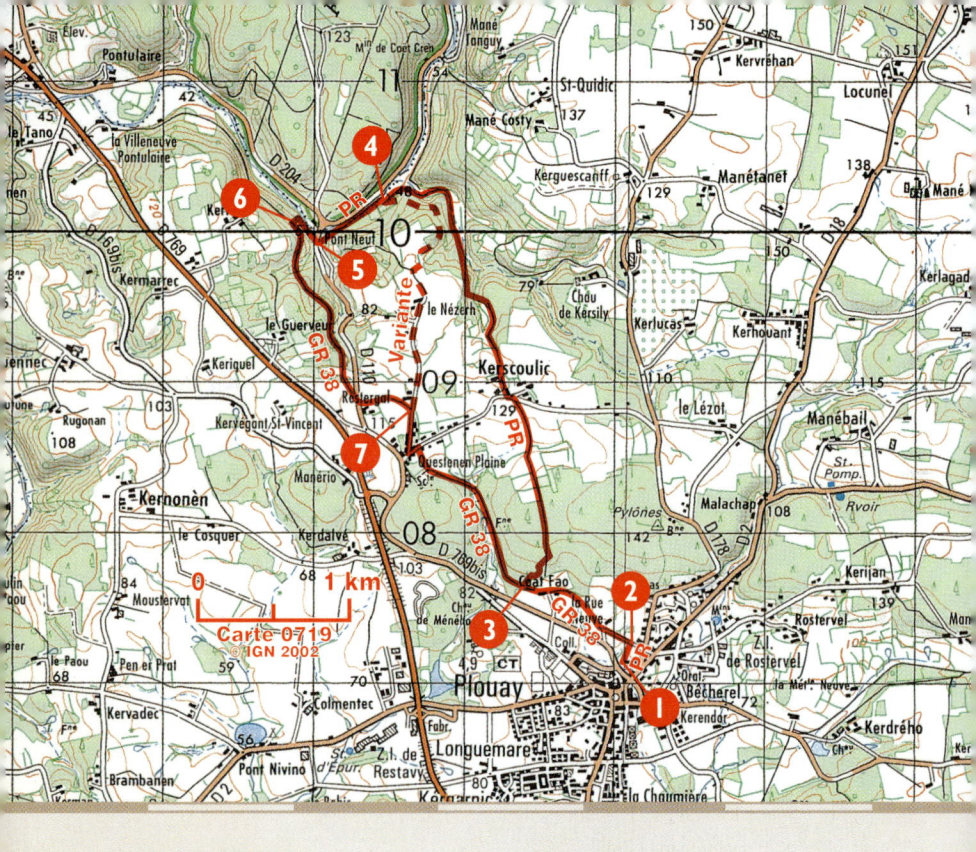

TRADITION
LE GRAND PRIX CYCLISTE DE PLOUAY

En 1931, le docteur Berty, médecin du Tour de France, devient président du Comité des fêtes de Plouay et transforme la traditionnelle course cycliste du pardon de Saint-Ouen en Circuit cycliste international. Les champions seront alors sur chaque ligne de départ. L'épreuve, qui devient le Grand Prix Cycliste de Plouay, a lieu le trente-cinquième mardi de l'année, fin août ou début septembre. Le Morbihan voit naître des champions comme Job Morvan, Fernand Picot, Jean Gainche originaire de Guéméné-sur-Scorff, ou le fameux Jean-Marie Goasmat, surnommé le Farfadet de Pluvigner. Plouay s'affirme comme capitale bretonne du vélo. En 2000, c'est la consécration : les bénévoles se voient confier l'organisation des championnats du monde sur route.

PLOUAY, RENDEZ-VOUS DES PLUS GRANDES ÉQUIPES PROFESSIONNELLES / PHOTO B.C.

28 • LE MORBIHAN… À PIED

Boucle de Kerscoulic

PR 4

FACILE

3H • 10KM

Balade dans les vallées de Kerscoulic et du Scorff près de Plouay, capitale du vélo, renommée pour son grand prix cycliste et son véloparc au château de Ménéhouarn.

GRIVE MAUVIS / DESSIN P. R.

S SITUATION
Plouay, à 20 km au Nord de Lorient par les D 769 et D 2

P PARKING
place de l'office de tourisme

/ DÉNIVELÉE
altitude mini et maxi, dénivelée cumulée à la montée

129 m
210 m
48 m

B BALISAGE
1 à 2 > non balisé
2 à 3 > blanc-rouge
3 à 4 > bleu foncé
4 à 5 > bleu clair
5 à 2 > blanc-rouge

! DIFFICULTÉS !
forte montée entre 5 et 6

① Quitter le parking vers le Nord et passer à droite de la grande surface pour trouver une route à 250 m.

② La prendre à gauche jusqu'à Coat-Fao.

③ S'engager à droite dans le passage qui grimpe dans le bois, puis monter par le chemin d'exploitation à gauche, sur le plateau. Franchir un vallon et gagner Kerscoulic. Prendre la route à gauche puis, dans le hameau, emprunter à droite le chemin qui descend dans la vallée du Kerscoulic. Longer la vallée du Scorff à gauche et atteindre une intersection.

> **Variante** *(circuit de 9 km)* : tourner à gauche, remonter à Nézerh puis, par la route, gagner Zandec *(four à pain)* et le circuit principal.

④ Tourner à droite, longer le Scorff et atteindre le pont Neuf.

⑤ Traverser la D 110 et grimper dans le bois.

⑥ S'engager sur l'ancienne voie de chemin de fer à gauche. Elle mène à proximité de Zandec.

⑦ A droite, gagner Questénen-Plaine. Prendre la route à gauche sur 100 m, puis partir à droite. Laisser la fontaine de Stang-Philippe en contrebas à droite, puis rejoindre Coat-Fao.

② Par l'itinéraire utilisé à l'aller, retrouver le point de départ.

À DÉCOUVRIR...

> **En chemin :**
• vallée du Scorff
• Zandec : four à pain
• fontaine de Stang-Philippe

> **Dans la région :**
• Plouay : château de Ménéhouarn 18e (véloparc) • Lanvaudan : village classé
• Kernascléden : église (fresques murales XVe), vallée de Pontcallec
• Calan : église romane de la Sainte-Trinité XIe

Stang Caraez
Coz Fornio
Belle Vue
Élev. avic.
Ménez-Hamon
Lomélus
Botcol
PR
Lann Izel
Locuon
Revelen
Sce captée
Vilérit
Bne
Bois du Launay
le Launay
Chât.
R.N.
Mané roc'h
Min du Launay Rnes
Variante
Lann er Hoguic
le Miniou
le Henguer Rnes
Costeronz
Kerfandol
Manoir
Manégouarc'h
Botcuon
Quènécat
Parcoty
Ker Monique
Manéviline
Kerguédalen
le Rohec
Kerdivio
Rau du Gohello
Botlan
Mln de Kerfandol
Branduec
Roscato
Kerbailler
Guéronnez
Kerveno
Lilého
Rau de Kerfandol
D 1
0 500 m
Carte 0718 E
© IGN 2001
Mln de la Lande
Ty Glaz
Ruigo
Manemair
Tromero
1
2
3
4
5
6
7

Les **sources** de l'Aër

PR 5

MOYEN

4H • 16KM

La trève de Locuon, dépendante de Ploërdut, est devenue paroisse en 1853. Jusqu'au début du XXe siècle, l'on y exploitait des carrières. Le village trône sur des buttes de granite et granulite.

❶ Quitter la place de l'Eglise vers le Sud et revenir au carrefour routier. Prendre la route à gauche sur 1,2 km. Au croisement de routes, s'engager sur le chemin à droite et atteindre une bifurcation.

> **Variante en période de chasse** *(circuit de 7,5 km)* : aller à droite, gagner Mané-Roc'h, prendre la route à droite, passer le château de Launay et, après le virage, tourner à gauche ; atteindre une bifurcation en lisière du bois du Launay, où arrive le circuit principal.

❷ Se diriger à gauche et arriver à Botcuon. Prendre la route à gauche sur 250 m, puis bifurquer à gauche vers Kerguéladen. Poursuivre par le chemin qui descend vers le ruisseau du Gohello. Le franchir, puis tourner à gauche et remonter à Kerbailler. Descendre à Roscato.

❸ Dans le hameau, prendre le chemin à gauche. Emprunter la route à gauche, franchir le pont et suivre la route à droite. Elle traverse Guéronnez. S'engager sur le chemin à gauche et arriver à Branduec.

❹ Dans le hameau, dévaler le sentier à gauche et déboucher sur la D 1. La longer à droite sur 600 m *(prudence)*, puis emprunter la route à droite.

❺ S'engager à gauche sur le chemin qui mène à Parcoty et poursuivre jusqu'au carrefour en T. Prendre le chemin à droite, laisser un chemin à droite, puis tourner à gauche et atteindre un embranchement.

❻ Emprunter le chemin en lisière du bois de Launay à gauche. Couper la route, continuer en face, passer Lan-Izel et poursuivre sur 700 m.

❼ Au croisement, suivre à droite l'ancienne voie romaine Carhaix - Vannes et continuer par la route. Avant Locuon, s'engager à gauche sur le chemin empierré qui descend près d'un élevage, puis utiliser à droite le passage qui monte puis redescend à la chapelle Notre-Dame-de-la-Fosse, avant de regagner l'église.

S SITUATION
Locuon (commune de Ploërdut), à 30 km à l'Ouest de Pontivy par les D 782, D 1 et D 128E

P PARKING
place de l'Eglise

/ DÉNIVELÉE
altitude mini et maxi, dénivelée cumulée à la montée

280 m
178 m — 250 m

B BALISAGE
jaune

! DIFFICULTÉS !
• passage sur la D 1 entre **4** et **5** • zone de chasse entre **4** et **6** (se renseigner en mairie).

À DÉCOUVRIR...

> En chemin :
• Locuon : église • bois du Launay • chapelle Notre-Dame-de-la-Fosse

> Dans la région :
• Guéméné-sur-Scorff : place Bisson
• Langoëlan : chapelle de Saint-Houarno
• Le Croisty : bois de Lochrist, panorama
• Lignol : manoir de Kerduel

• 31

Les sources de l'Aër

GASTRONOMIE
Savoureuse andouille de Guémené

Il y a en Bretagne deux sortes d'andouilles. La plus courante est celle de Lesneven, similaire à celle de Vire. Les boyaux sont lavés, coupés puis mélangés à de la viande de porc, avec des condiments et du sel, avant d'être fourrés dans une baudruche et fumés. Celle de Guémené-sur-Scorff est obtenue en enfilant les uns sur les autres des boyaux, préalablement frottés avec du poivre, des plus petits jusqu'aux plus grands, après avoir pris soin de coudre les extrémités avec un fil pour accrocher la pièce dans la cheminée. Cinq kilos de boyaux sont nécessaires pour produire un kilo d'andouille. Traditionnellement, les pièces étaient entourées de foin

ANDOUILLES AU FUMAGE / PHOTO F.L.D

pour qu'elles n'éclatent pas durant les trois heures de cuisson. Puis, elles étaient mises à sécher dans la cheminée, de trois à six mois, entre deux abattages de cochon. Les andouilles, noircies par le feu, devaient être dessalées durant plusieurs heures. En 1931, le charcutier Jean Le Coustumer mit au point une technique de fabrication industrielle.

TRADITION
A chaque canton sa coiffe

La coiffe est l'une des pièces fondamentales du costume breton. Souvent en tulle et dentelle, elle s'accroche au bonnet. Le Morbihan en compte plusieurs familles, chaque canton possédant ses propres styles de motifs et broderies. Dans le pays de Baud, on porte la modeste, la raie dont le bavolet retombe telle la queue d'un poisson, ou la kornek dont les deux pans s'épanouissent sur le côté. La grande coiffe à ailes brodées sur tulle est parfois remplacée par des filets que la femme pose à même sa chevelure. La coiffe du pays de Vannes et d'Auray est portée dans une cinquantaine de communes. Repliée au-dessus du front, elle forme au sommet, un angle obtus. Une large bande de tulle uni laisse apparaître un bonnet brodé dont les motifs s'harmonisent avec le châle et le tablier. La visière de la petite coiffe de Groix, Lorient et Ploemeur se lève au-dessus de la tête ; on l'a surnommée l'aéroplane. Dans le pays pourlet (Guémené-sur-Scorff), les femmes portent le capot-ribot, la brouette ou la karikel.

COIFFES / PHOTO Y.B. ; COSTUME DE FILLETTE DU PAYS DE VANNES / © COLL. J.C.

32 • LE MORBIHAN… À PIED

PR **5**

84 MORBIHAN — *Costume et Coiffe de Paysanne de BAUD*

COIFFE ET COSTUME DE BAUD / © COLL. J.C.

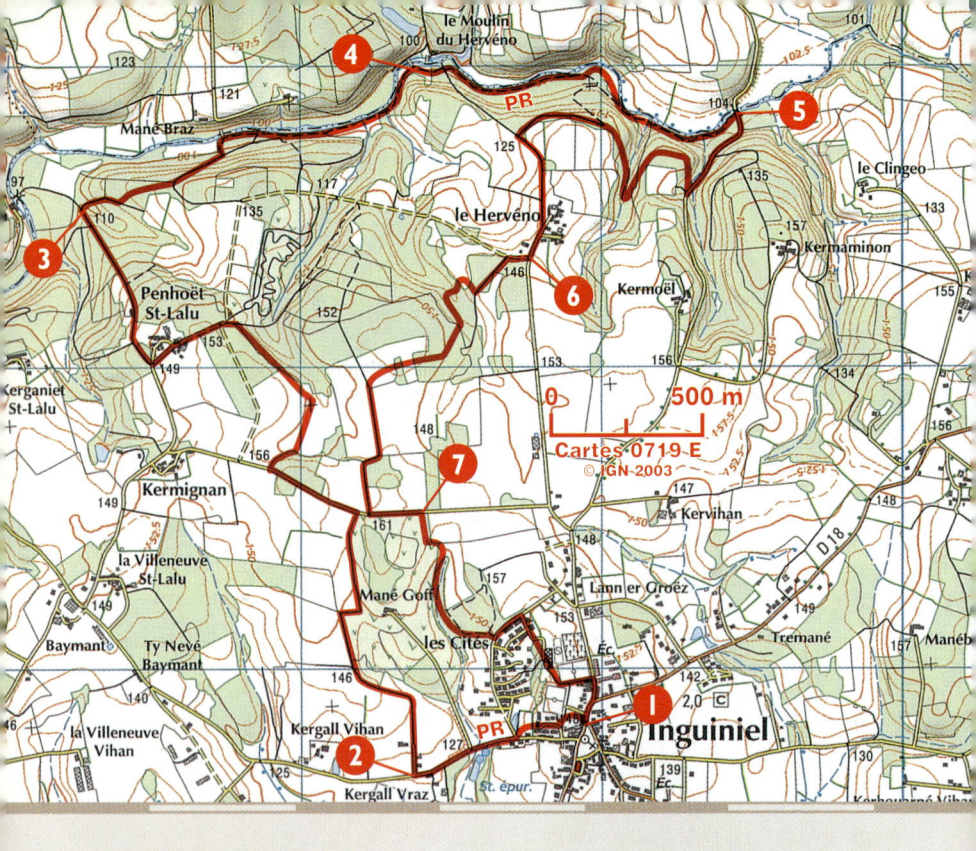

FAUNE ET FLORE
L'ÉGLISE ABRITE DES CHAUVES-SOURIS

L'église de Kernascléden accueille dans ses combles, la plus grande colonie de grands rhinolophes de Bretagne, espèce de chauves-souris protégée par arrêté préfectoral, dont les spécialistes de la commune ont compté jusqu'à cinq cents adultes. Au mois de mai, les femelles reviennent dans les combles pour mettre bas début juillet. Très vite, le petit part en chasse collé au ventre de sa mère. La colonie quitte les lieux durant l'hiver pour une destination lointaine suivant le même itinéraire rituel. Chaque année, fin août, l'association locale organise la nuit de la chauve-souris, comme dans une trentaine de pays d'Europe. Depuis la place, on voit alors les animaux, d'une envergure de 30 à 40 cm, quitter le clocher pour leur chasse nocturne.

GRAND RHINOLOPHE DESSIN P.R.

KERNASCLÉDEN. / PHOTO Y.B.

Circuit du Scorff

PR® 6

MOYEN

3H • 11KM

Marche bucolique le long d'une rivière remarquable qui a toujours été nourricière comme en témoignent les traces de ses pêcheries et de ses moulins.

❶ Quitter la place des Tilleuls par l'impasse du Payot. Contourner le stade par la gauche et descendre en face (petit plan d'eau à gauche). Longer à droite la route de Kernascléden jusqu'à Kergall.

❷ Emprunter le chemin d'exploitation à droite, puis longer des talus. Suivre à gauche la route en direction de Kermignan sur 500 m, puis s'engager à droite à travers les landes en limite de parcelles et de bois. Continuer par le chemin qui monte. Au croisement, tourner à gauche *(Ouest)* pour atteindre Penhoët-Saint-Lalu *(pierre ronde, stèle funéraire de l'âge du fer)*. A la sortie du village, prendre le chemin à droite. Il descend vers le moulin Neuf *(vue sur la vallée du Scorff)*.

❸ En bas, entrer à droite dans le bois et grimper. Descendre par le chemin d'exploitation à gauche pour atteindre la vallée et longer à droite les berges du Scorff jusqu'à la hauteur de la passerelle.

> Délaisser la rive pour gagner l'ancien moulin du Hervéno *(imposante roue indépendante)*.

❹ Suivre les berges du Scorff jusqu'au pont Borion *(appelé pont des Pauvres, car il fut construit par les sans-emploi au XIXe siècle)*.

❺ Monter par la route à droite sur 350 m. Pénétrer dans le bois à droite. Le chemin surplombe le Scorff. Franchir un ruisseau, puis emprunter le large chemin à gauche. Il mène au Hervéno.

❻ A la sortie du hameau, suivre le chemin à droite sur 30 m, puis le chemin à gauche. Il monte et serpente dans le « landier ». Continuer par un large chemin entre des parcelles. Emprunter la route à gauche sur 250 m.

❼ Partir à droite. Passer entre des parcelles puis un bois pour gagner la cité des Ajoncs, la salle des sports, et retrouver la place.

S SITUATION
Inguiniel, à 30 km au Nord de Lorient par les D 769 et D 18

P PARKING
place des Tilleuls

/ DÉNIVELÉE
altitude mini et maxi, dénivelée cumulée à la montée
162 m
99 m / 210 m

B BALISAGE
vert

! DIFFICULTÉS !
passage humide entre **3** et **4** en hiver

À DÉCOUVRIR...

> En chemin :
• stèle funéraire de l'âge de fer • vue sur la vallée du Scorff • ancien moulin du Hervéno

> Dans la région :
• Inguiniel : site archéologique de Kerven Teignouse • Plouay : château de Ménéhouarn XVIIIe (véloparc)
• Kernascléden : église (fresques murales XVe), vallée de Pontcallec
• Calan : église romane de la Sainte-Trinité XIe

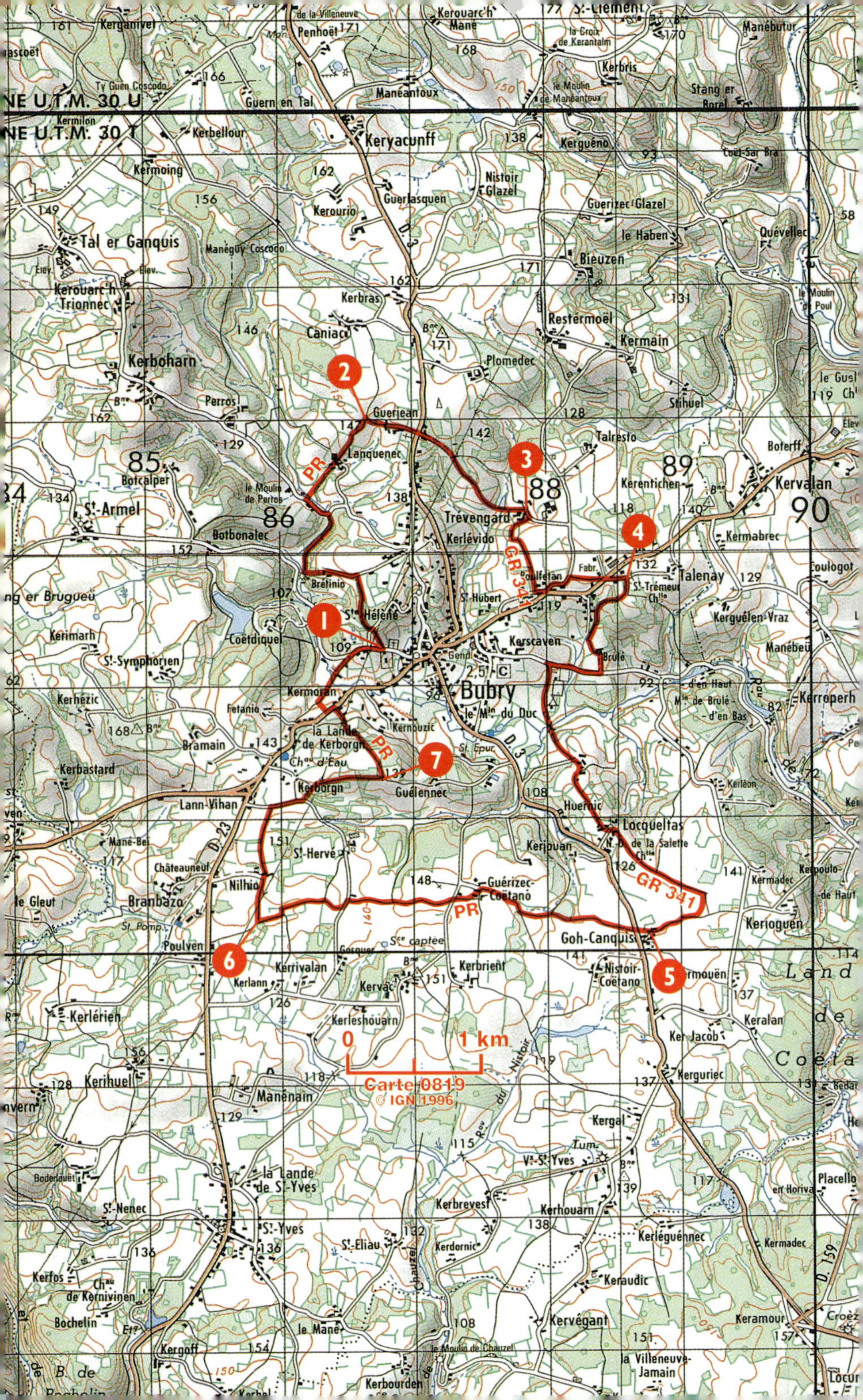

Bubry
Guerjean
Lanquenec
Trevengard
Kerlévido
St-Hélène
Brétinio
Coetdiquel
Kerscaven
Kermoran
la Lande de Kerborgn
Kerborgn
Guélennec
Huernic
Locqueltas
Goh-Canquis
Guérizec-Coëtano
St-Hervé
Nilhio
Poulven
Kerlann
Kerrivalan
Kerbrient
Nistoir-Coëtano
Brulé
Talenay
Kervalan
Kerentichen
Talresto
Plomedec
Kerbras
Caniac
Perros
Botcalper
St-Armel
Botbonalec
Kerboharn
Tal er Ganquis
Keryacunff
Guerlasquen
Kerourio
Bieuzen
Restermoël
Kermain
Lann-Vihan
Branbazo
Châteauneuf
Manénain
Kerihuel
Kerlérien
la Lande de St-Yves
St-Yves
St-Eliau
Kerbrevest
Kerhouarn
Kervégant
Kerbourden
le Mané
Kergoff
Bochelin
Kerguriec
Kergal
Ker Jacob
Keralan
Kerioguen
Kermadec
PR
GR 341
0
1 km
Carte 0819
© IGN 1996
1
2
3
4
5
6
7

Le **grand circuit** de **Bubry**

PR® 7

MOYEN

4H • 16KM

Vous traverserez bois et bocages, aux taillis aujourd'hui clairsemés. Les Chouans durant la période révolutionnaire, puis, en 1944, les Maquisards, ont trouvé à se cacher dans cette végétation luxuriante.

❶ Après le mur du cimetière, prendre le chemin à gauche, couper la route, poursuivre en face et bifurquer à droite. Descendre par la route à gauche, puis partir à gauche vers le moulin de Brétinio et longer le ruisseau. Prendre la route à gauche. S'engager sur le chemin à droite et traverser Lanquenec. Dans le hameau, tourner à droite, longer un élevage, puis continuer par le chemin creux en face. Il monte sur 400 m.

❷ Tourner à droite et traverser Guerjean. Couper la D 3, descendre, enjamber le ruisseau et poursuivre en face jusqu'à Trévengard.

❸ Prendre à droite, dépasser les habitations et poursuivre à droite jusqu'à Poulfétan. Suivre la rue à gauche, bifurquer à gauche, puis partir à droite et couper la D 2. Continuer en face et gagner la chapelle Saint-Trémeur.

❹ Tourner à droite et traverser le bois pour gagner la fontaine Saint-Trémeur. Continuer à gauche, passer Brulé, puis emprunter la route à droite. S'engager sur le chemin à gauche. Longer terrains de sports et camping, franchir la passerelle de Pont-Davy et monter à Botfau. Poursuivre jusqu'à Locqueltas et arriver près de la chapelle Notre-Dame-de-la-Salette *(la fontaine Saint-Gildas se trouve en contrebas)*. Se diriger au Sud-Est, aller à droite et atteindre Goh-Canquis.

❺ Poursuivre vers l'Ouest, couper la D 3, descendre puis remonter à Guerizec-Coëtano. Dans le hameau, bifurquer à gauche, prendre la route à gauche sur quelques mètres, puis le chemin à droite. Continuer tout droit jusqu'à Saint-Hervé-Guyonvarc'h. Emprunter la route à gauche, puis partir à droite.

❻ Au deuxième croisement, virer à droite, traverser Le Nilhio et poursuivre. Prendre la route à droite, puis s'engager sur le troisième chemin à gauche. A l'intersection, se diriger à droite sur 600 m.

❼ Tourner à gauche et gagner Kermoran. Longer la D 3 à gauche, puis s'engager à droite dans le chemin creux. Monter par le chemin à droite, prendre la route à droite et rejoindre le point de départ.

S SITUATION
Bubry, à 24 km au Sud-Ouest de Pontivy par la D 2

P PARKING
salle polyvalente

/ DÉNIVELÉE
altitude mini et maxi, dénivelée cumulée à la montée

151 m
100 m / 210 m

B BALISAGE
1 à 3 > bleu
3 à 5 > blanc-rouge
5 à 1 > bleu

! DIFFICULTÉS !
• passage humide en saison pluvieuse à Nilhio entre **6** et **7** • parcours sur la D 2 entre **7** et **1**

À DÉCOUVRIR...

> En chemin :
• Saint-Trémeur : chapelle et fontaine
• Locqueltas : chapelle Notre-Dame-de-la-Salette XVIIe, fontaine Saint-Gildas

> Dans la région :
• Melrand : château de la Villeneuve-Jacquelot XVIIe
• Plouay : château de Ménéhouarn XVIIIe (véloparc)
• Quistinic : village ancien de Poul-Fetan
• Bieuzy-les-Eaux : site de Castennec

• 37

Le **grand circuit** de **Bubry**

PATRIMOINE

Au Village de l'An Mil à Melrand

La parcelle, nommée Lann Goulh Melrand (la lande du vieux Melrand), au Sud-Ouest du bourg, suscitait bien des interrogations. Les premières études menées dès 1902 et les fouilles archéologiques des années 80 révèlent les traces de dix-sept bâtiments du Moyen Age répartis autour d'une place et la présence de deux voies de circulation. A partir de 1986, le site est mis en valeur et devient le village de l'An Mil. Depuis le magnifique plateau de la vallée du Blavet, à 119 m d'altitude, on découvre aujourd'hui, sur une superficie d'un hectare et demi, les bâtiments d'il y a mille ans reconstitués et les modes de vie de cette époque révolue. Tous les sens sont en éveil : dans le jardin, aux senteurs ancestrales, la bourdaine, la carotte, le poireau et autres plantes attestées prolifèrent tandis que, dans la cour, se côtoient quelques races rustiques d'animaux d'élevage comme la petite vache pie noire, la chèvre des fossés au poil long, la poule gauloise ou le mouton d'Ouessant à laine noire.

VILLAGE DE L'AN MIL / PHOTO F. L.D.

TRADITION
BINIOU, BOMBARDE ET BAGADOU

BOMBARDE ET BINIOU / PHOTO Y.B.

Le biniou et la bombarde, qui forment un couple quasi indissociable, sont les instruments par excellence du sud de la Bretagne. Chaque fête ou mariage est une occasion offerte au « talabarder » et « biniawer » de s'époumoner à cœur joie. Le « biniou-kozh » ou « biniou bihan », petite cornemuse, est formé d'une poche en peau et de trois tuyaux : le porte-vent, le chalumeau à anche double et le bourdon, à anche battante qui sonne deux octaves au-dessous du chalumeau. L'instrument se trouve concurrencé à partir de 1930 par le bagpipe écossais qui donne naissance au biniou bras, comportant trois bourdons. La bombarde est un court hautbois fait d'ébène, de buis ou de bois fruitier et d'une anche double, constituée de deux lamelles. Le bagad ou kevrenn a été créé en 1943 par Hervé Le Menn, Dorig Le Voyer et Polig Monjarret, soucieux de sauver la musique bretonne. La formation rassemble sonneurs de biniou bras, bombardes autour d'un pupitre de batterie. Chaque année, les bagadous disputent un championnat national.

Lande du Crano
le Blavet Fl.
St-Nicolas-des-Eaux
Castennec
St-Nicodème
Rimaison
Kercadoret
Keraututm
Coëtmenan
Kermouellic
Manéguen
Kernalain
Kerfouler
Moulin de Manéguen
Pradigo
Kermabon
Kerhervé
le Crano
Stang Kerlast
la Vraie Croix
Kerlast
Kerdrolan
Lézerhy
le Strat
le Guern
le Scaouët
le Park Priol
Croix-Mario
la Motte
Kerrivalain
Kerangard
Prioldy
Gueltas
la Couarde
la Boucle
Kerdréhouarn
Kerbesquer
Kerroc'h
Kergant-St-Nicodème
Lann Jacques
Kerboër
le Cloître
la Lande de Kerbeller
Kergoual
Kerscouarnec
Kergristien
PR
0 500 m
Cartes 0819 O - 0819 E
© IGN 1996

Boucle de Kerautum

PR 8

DIFFICILE
5H30 • 22KM

Marchez sur les pas de Gildas et de son compagnon Bieuzy. Vous êtes ici en terre sainte. On dit que l'eau contenue dans les trois auges de la fontaine guérit de la rage ceux qui viennent d'être mordus.

1 Emprunter la D 156, passer la fontaine Saint-Bieuzy et poursuivre sur 450 m. S'engager à droite sur le chemin à travers bois et gagner La Motte. Continuer à gauche, franchir un talweg, puis prendre la route à gauche. Longer la D 1 à droite *(prudence)*.

2 Prendre à gauche la route de Kermabon, tourner à droite, couper la D 156 et continuer en face à travers la lande du Crano. Descendre à Kerlast et virer à gauche. À la chapelle de la Vraie-Croix, descendre par la route à droite jusqu'à Kerdrolan.

3 Suivre la route à gauche. Avant Lézerhy, s'engager sur le chemin à gauche en direction de Kérautum.

4 Bifurquer sur le chemin à droite, passer sous la voie de chemin de fer et continuer jusqu'à Rimaison *(ancien moulin)*. Prendre la D 188 à droite pour franchir le Blavet.

5 Dans la montée, s'engager à droite sur le chemin en direction de Kerdéhouarn. Tourner à droite puis à gauche, couper la route de Kerbesquer, franchir le vallon, puis descendre à droite et longer le Blavet à gauche.

6 Monter à la chapelle de Saint-Nicodème à gauche *(chapelle entourée de ses fontaines et de sa cure)*. Prendre la route à droite, longer la D 1, continuer par la route en face, puis partir à droite. Descendre par la route à droite. Avant Guern, virer à gauche et traverser Saint-Nicolas *(fontaine, chaumières)*. Emprunter la D 1 à droite pour franchir le Blavet, puis s'engager sur le chemin à gauche. Il fait le tour du méandre de la Couarde. Longer la D 1 et passer le belvédère et le site de Castennec *(vue sur le Blavet et Saint-Nicolas-des-Eaux)*. A la chapelle, poursuivre sur 150 m.

7 Tourner à gauche et descendre à travers bois à la chapelle Saint-Gildas puis à Priolody. Virer à gauche, emprunter la petite route à gauche, puis s'engager à gauche sur le chemin qui longe un ruisseau. En bas, virer à droite pour remonter au point de départ.

S SITUATION
Bieuzy-les-Eaux, à 19 km au Sud-Ouest de Pontivy par les D 168 et D 1

P PARKING
église

/ DÉNIVELÉE
altitude mini et maxi, dénivelée cumulée à la montée
155 m
39 m
390 m

B BALISAGE
fléchage « sentier de Kerautum »

! DIFFICULTÉS !
• passages difficiles entre **4** et **7** • passage humide en hiver entre **6** et **7** • parcours et traversée de la D 1 entre **1** et **2** puis **6** et **7** • zone de chasse entre **2** et **5** (se renseigner en mairie)

À DÉCOUVRIR...

> **En chemin :**
• fontaine Saint-Bieuzy
• lande du Crano
• chapelle de la Vraie-Croix • vallée du Blavet • chapelle de Saint-Nicodème XVIe
• belvédère et site de Castennec • chapelle de Saint-Gildas

> **Dans la région**
• Saint-Nicolas-des-Eaux : musée de la Batellerie
• Guénin : chapelle Saint-Michel XIXe • Guern : if et chapelle

• 41

Boucle de Kerautum

UN PEU D'HISTOIRE
Saint ermitage de Gildas et Bieuzy

En 530, le moine irlandais Gildas s'installe à l'île d'Houat. Six ans plus tard, à Rhuys, il fonde un monastère et une école que fréquenteront surtout les jeunes nobles de la région vannetaise. Puis, en compagnie de l'un des moines, Bieuzy, il choisit de vivre en ermite dans une grotte sur les bords du Blavet afin d'évangéliser les populations. Le moine prêche du haut du rocher et attire les foules ; un grand nombre de Bretons sont conquis et demandent le baptême. D'autres moines de Rhuys viennent bientôt les rejoindre. Ils construisent un monastère, aujourd'hui disparu, sur la butte de Castennec. En 548, Gildas repart à Rhuys. Bieuzy, resté sur place, fait construire, à deux kilomètres de la grotte, une chapelle qui deviendra l'église actuelle. Gildas meurt en 570. Une chapelle sera édifiée par la suite sous le rocher du bord du Blavet. On dit que l'eau qui coule de la source, au chevet de l'oratoire, est miraculeuse. Depuis, chaque lundi de Pentecôte, un pardon célèbre Saint-Gildas.

L'ERMITAGE SAINT-GILDAS, AU BORD DU BLAVET
PHOTO Y.B.

ÉCONOMIE
MODÈLE AGROALIMENTAIRE EN ÉVOLUTION

Après la seconde guerre mondiale, la Bretagne devient un pôle agroalimentaire majeur en Europe et la première région agricole en France avec plus de 20 % de la production laitière, 56 % du cheptel et 20 % des surfaces en légumes. En 1950, le modèle devient le symbole de l'agriculture productiviste spécialisée dans les filières agroalimentaires. De 1958 à 1968, la collecte industrielle du lait passe de moins de 25 % de la production à 76 %. L'aviculture s'industrialise sous l'impulsion de minotiers, de négociants en volaille ou de coopératives comme la Rurale morbihannaise. La technique de l'élevage hors-sol gagne rapidement le porc et le veau de boucherie, générant un puissant complexe agroalimentaire qui anime nombre de centres ruraux et de villes moyennes : usines d'aliments, centrales laitières, abattoirs, unités de congélation et de transformation... Pour perdurer, le modèle doit aujourd'hui se remettre en cause et intégrer de nouvelles donnes : qualité, protection de l'environnement, production biologique et à label.

CONSERVES DE POISSONS
PHOTO C. L.Q.

MISE EN BOÎTES DES SARDINES À « LA QUIBERONNAISE » / PHOTO C. L.Q.

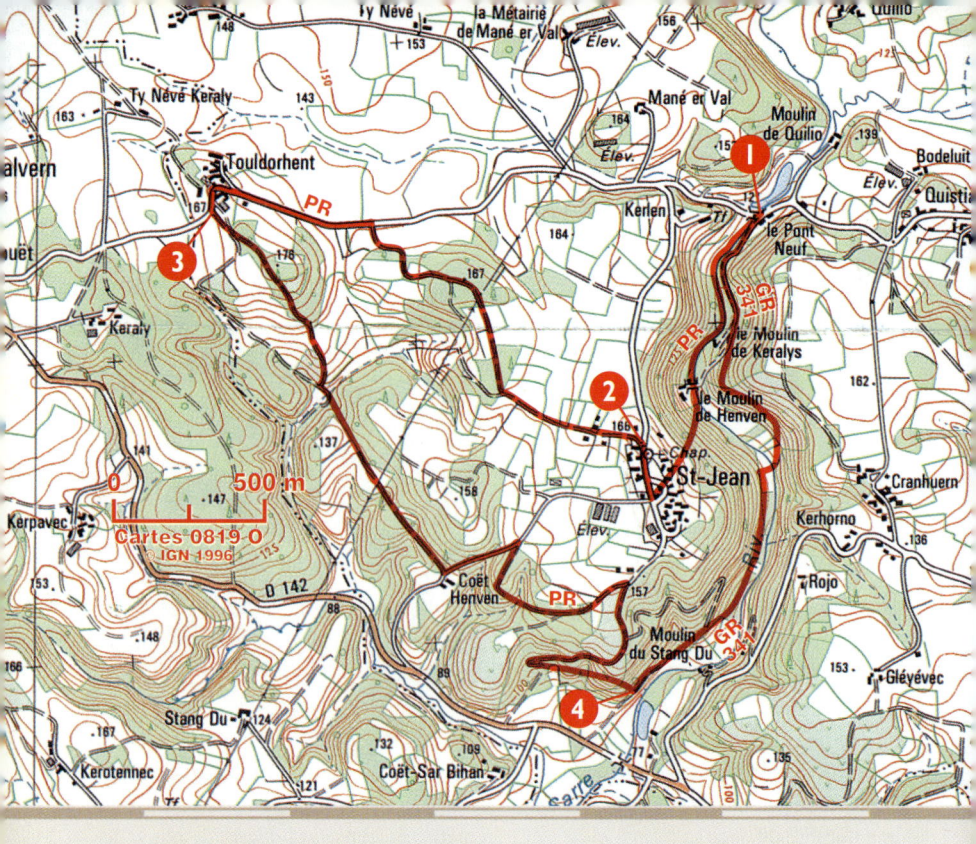

FAUNE ET FLORE
LA LOUTRE, REINE DE L'ONDE

Après avoir été traquée pendant des siècles pour sa fourrure, la loutre a élu domicile dans la vallée de la Sarre. Le silence est de rigueur si l'on veut observer cette reine incontestée de l'onde, car elle a la ruse du renard et la rapidité du squale. Elle est solitaire et volontiers nocturne. Vous verrez davantage les traces de ses pattes, les fientes, les restes de ses repas ou les coulées qu'elle laisse dans la végétation le long des berges. C'est le plus gros mammifère d'eau douce de nos régions, de la famille des mustélidés, le seul à posséder des palmures aux quatre pattes. Les mâles, dont la longueur peut varier de 0,90 m à 1,20 m, pèsent en moyenne de 6 à 12 kg contre 4 à 8 kg pour les femelles. Le quart de l'effectif national vit en Bretagne. Sa survie dépend fortement de la qualité de l'eau.

LOUTRE.
PHOTO P.C.-BRETAGNE VIVANTE-SEPNB

La vallée de la Sarre

PR 9

FACILE

3H • 9KM

Le moulin, s'il nourrit l'homme, contribue aussi au nettoyage de la rivière et à la prévention de l'envasement. Entre 1806 et 1816, on ne comptait pas moins de douze de ces édifices tout au long de la Sarre.

OSMONDE ROYALE.
DESSIN N.L.

S SITUATION
Guern, à 18 km à l'Ouest de Pontivy par les D 2 et D 1

P PARKING
pont Neuf

/ DÉNIVELÉE
altitude mini et maxi, dénivelée cumulée à la montée

178 m
95 m   260 m

B BALISAGE
1 à 4 > jaune
4 à 1 > blanc-rouge

! DIFFICULTÉS !
forte montée entre **1** et **2** puis entre **4** et **1**

❶ Emprunter le chemin qui descend à droite de la rivière de la Sarre. Monter et contourner le moulin de Henven. Poursuivre et grimper dans le village de Saint-Jean *(fontaine de Saint-Jean et four à pain)*. Au carrefour, prendre la route à droite.

❷ Après la chapelle Saint-Jean, emprunter la petite route à gauche. Elle se transforme en large chemin de terre. Prendre la route à gauche jusqu'à Touldorhent.

❸ Après les bâtiments de ferme, s'engager sur le chemin à gauche. Il franchit un talweg et mène à Coët-Henven. Prendre la route à gauche sur 250 m, puis emprunter le chemin à droite. Avant d'arriver au village de Saint-Jean, suivre le chemin à droite. Il descend dans la vallée de la Sarre.

❹ Longer la rivière à gauche, d'abord par la rive gauche, puis par la rive droite. Gravir le vallon et dépasser les moulins de Henven et de Kéraly, puis rejoindre le pont Neuf.

À DÉCOUVRIR...

> **En chemin :**
• vallée de la Sarre
• moulins • Saint-Jean : chapelle XVIe, village

> **Dans la région :**
• Quelven : chapelle Notre-Dame XVe
• Pontivy : château des Rohan, moulin-musée des Récollets • Melrand : village archéologique de l'an mil
• Bieuzy-les-Eaux : site de Castennec

• 45

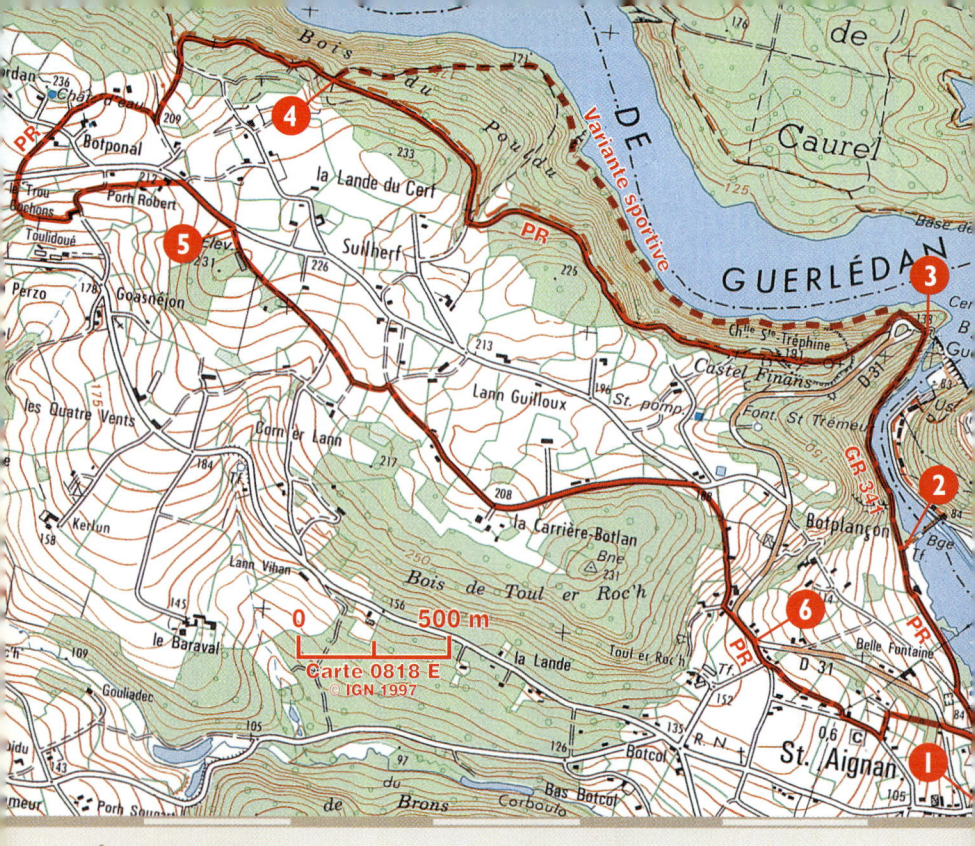

ÉCONOMIE
BARRAGE HYDROÉLECTRIQUE DE GUERLÉDAN

Pour répondre aux besoins de l'électrification naissante, M. Rattier, sous-préfet de Pontivy, imagine un barrage hydroélectrique. La vallée presque fermée par les deux collines de Castel-Finans et de Trévéjean est choisie. La construction aura lieu de 1923 à 1930, permettant de créer une vaste étendue de quatre cents hectares qui s'étire sur douze km pour former aujourd'hui le lac de Guerlédan, la plus importante retenue d'eau potable de Bretagne avec cinquante et un millions de m^3. On y pratique la voile, le ski nautique, la baignade, la pêche, les promenades en bateau... Sur la rive sud du lac, 285 ha de forêt acquis et réhabilités par le département proposent un réseau de promenades. La visite du musée de l'électricité à Saint-Aignan s'impose.

LAC DE GUÉRLÉDAN
PHOTO Y.B.

Le lac de Guerlédan

PR 10
FACILE
3H • 10KM

En 1929, le barrage hydroélectrique a interrompu le Blavet pour former une vaste étendue d'eau. Marquant la limite entre les Côtes-d'Armor et le Morbihan, c'est l'un des sites touristiques majeurs de la Bretagne centrale.

❶ Du parking, emprunter la route à droite *(Nord)*. Elle longe le bassin de délestage du lac sur 800 m.

❷ Poursuivre par le sentier qui monte jusqu'au belvédère, au-dessus du barrage.

> **Variante sportive :** prendre le sentier à droite, descendre vers le lac et longer la rive Sud sur 1,7 km, avant de remonter à gauche sur 700 m puis de retrouver le circuit principal.

SITTELLE TORCHEPOT
DESSIN P.R.

❸ Du parking supérieur, emprunter le chemin qui monte à la chapelle Sainte-Tréphine *(construite en 1897 sur les crêtes du site de Castel-Finans)*. Poursuivre par le chemin forestier sur 2 km *(panorama sur le lac de Guerlédan)*.

❹ Continuer par le chemin forestier sur 400 m, laisser le chemin qui descend à droite, puis monter par le chemin à droite, à Botpona*l (maison de la Nature)*. Couper la route, emprunter le chemin qui part vers la droite, derrière une maison, puis traverser une deuxième route et continuer en face. Le chemin s'oriente à l'Est afin de rejoindre Porh-Robert. Longer la route sur 300 m à droite.

❺ S'engager sur le chemin à droite. Il mène au hameau de La Carrière-Botlan. Continuer par la petite route sur 1 km. Au carrefour routier, emprunter le chemin à droite. Au croisement en T, prendre la route à gauche et poursuivre par la D 31 *(prudence)* sur 100 m.

❻ Bifurquer sur la route à droite puis, après le carrefour, prendre le chemin à gauche. Il descend à Saint-Aignan. Continuer par la route à gauche. A 130 m, virer à gauche puis à droite pour emprunter le chemin qui descend. Traverser la route, contourner le tennis. A la route, prendre à droite et regagner le parking.

SITUATION
Saint-Aignan, à 20 km au Nord de Pontivy par les D 767, D 15 et D 18

PARKING
église

DÉNIVELÉE
altitude mini et maxi, dénivelée cumulée à la montée

230 m
80 m 260 m

BALISAGE
1 à 2 > jaune
2 à 3 > blanc-rouge
3 à 1 > jaune

DIFFICULTÉS !
• forte montée entre **2** et **3**
• zone de chasse entre **3** et **4** (se renseigner en mairie)
• parcours sur la D 31 avant **6** et avant **1**

À DÉCOUVRIR...

> **En chemin :**
• barrage de Guerlédan
• chapelle Sainte-Tréphine
• vue sur le lac de Guerlédan
• Saint-Aignan : église (retable XVIe)

> **Dans la région :**
• Sainte-Brigitte : ancienne sidérurgie des Forges des Salles, forêt de Quénécan
• Silfiac : point culminant du département (270 m d'altitude)
• Saint-Gelven (Côtes-d'Armor) : abbaye de Bon-Repos XIIIe-XVIIIe, gorges de Daoulas

• 47

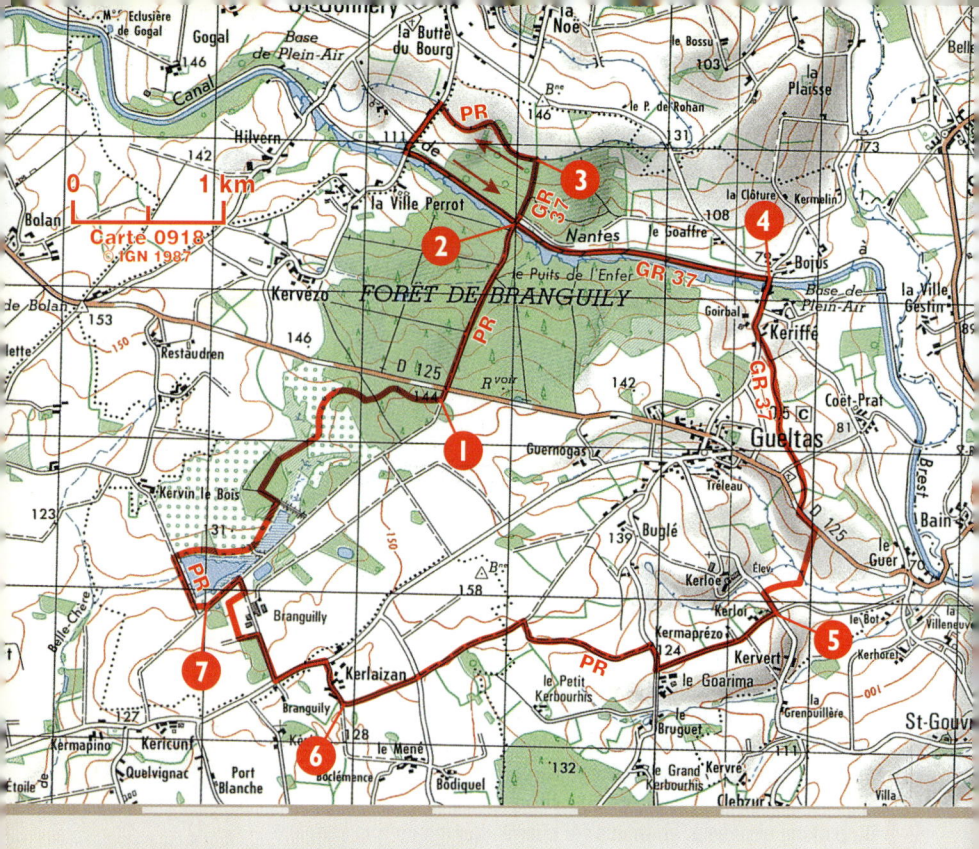

UN PEU D'HISTOIRE
LA RIGOLE D'HILVERN SUR LE CANAL

Pour désenclaver les arsenaux et la Bretagne intérieure, Napoléon 1er décide de créer le canal de Nantes à Brest. Au partage des eaux, la rigole d'Hilvern est construite en 1835 pour alimenter le bief et fournir le débit nécessaire à partir du réservoir de Bosméléac. Dès le début de sa mise en service, l'imperméabilisation de la rigole pose d'importants problèmes. En 1844, l'ensemble de l'ouvrage doit être refait. Chaque année, durant le mois de chômage de la batellerie, la rigole est mise à sec et nettoyée. À partir de 1960, elle cesse d'être entretenue. Il faut attendre 1990, pour qu'un nouveau projet d'alimentation en eau voie le jour. Aujourd'hui, c'est une curiosité et un lieu de promenade.

BORD DU CANAL / PHOTO Y.B.

Circuit des écluses et de Branguily

PR 11

MOYEN

4H • 16KM

Les premières embarcations empruntèrent le canal de Nantes à Brest en 1842. Sur quelque vingt kilomètres, il ne faut pas moins de cinquante-quatre écluses pour assurer la jonction entre l'Oust et le Blavet.

LÉROT / DESSIN P.R.

❶ Traverser la D 125 et prendre en face le chemin qui descend à l'écluse de la Forêt. Franchir le canal de Nantes à Brest.

❷ Monter par le sentier en face jusqu'à la rigole d'Hilvern *(la rigole d'Hilvern est un cours d'eau artificiel creusé entre le barrage de Bosméléac, dans les Côtes-d'Armor, et Hilvern afin d'alimenter le canal en eau toute l'année)*.

❸ Longer la rigole à gauche. Prendre la route à gauche et descendre à l'écluse de Kervézo. Tourner à gauche et longer le canal sur 700 m, avant de retrouver l'écluse de la Forêt.

❷ Suivre la berge du canal jusqu'à l'écluse de Bojus.

❹ Emprunter la route à droite sur 300 m, la deuxième route à gauche sur quelques mètres, puis s'engager sur le sentier à droite. Couper une route, prendre la D 125 à gauche sur 100 m, partir à droite, franchir le vallon et suivre la route à gauche jusqu'au carrefour.

❺ Après la croix, prendre la route à droite. Passer Kerloi puis Kermaprézo. Au carrefour en T, suivre la route à droite sur 150 m, puis le sentier à gauche. Au croisement en T, tourner à gauche, couper la route et continuer.

❻ Virer à droite et traverser Kerlaizan. Au carrefour, prendre la route à gauche, puis la route à droite. Elle longe le bois. Contourner la propriété par la gauche. Au carrefour en T, se diriger à gauche sur 250 m.

❼ Obliquer à droite et continuer par le chemin à droite. Après l'étang de Branguily, virer à droite, longer la pièce d'eau, poursuivre par le sentier, tourner à droite et, après quelques virages, rejoindre le point de départ.

S SITUATION
Gueltas, à 14 km à l'Est de Pontivy par les D 768 et D 125

P PARKING
maison de l'Environnement (forêt de Branguily), à 1 km à l'Ouest du bourg par la D 125

/ DÉNIVELÉE
altitude mini et maxi, dénivelée cumulée à la montée

150 m
77 m — 160 m

B BALISAGE
1 à 2 > vert
2 à 3 > blanc-rouge
3 à 2 > vert
2 à 5 > blanc-rouge
5 à 6 > jaune
6 à 7 > rouge
7 à 1 > jaune

! DIFFICULTÉS !
• zone de chasse entre **1** et **3** puis **7** et **1** (se renseigner en mairie)
• parcours sur la D 125 entre **4** et **5**

À DÉCOUVRIR...

> En chemin :
• maison de l'Environnement
• rigole d'Hilvern (longue de 64 km) • canal de Nantes à Brest • forêt et étangs de Branguily

> Dans la région :
• Bréhan : abbaye cistercienne de Timadeuc
• Neuillac : chapelle Notre-Dame-de-Carmes

• 49

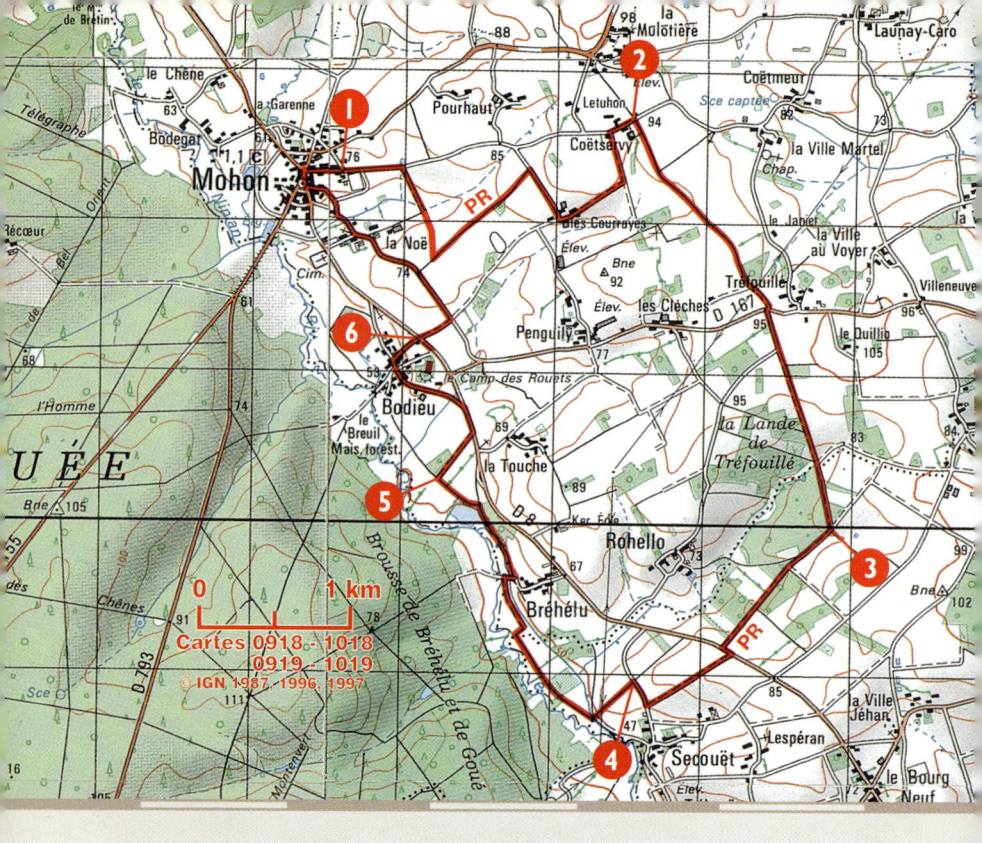

PATRIMOINE
LE CAMP MÉDIÉVAL DES ROUËTS

Au cœur du Porhoët, le camp des Rouëts est un bel exemple de fortifications de terre du Moyen Âge breton. Sauvé de la destruction grâce à l'action d'une association locale, il a été classé au titre des sites en 1975. A l'intérieur d'un vaste enclos d'environ cinq hectares, bordé par un talus entourant en partie le village de Bodieu, il comprend une enceinte fortifiée et une motte castrale. Le camp aurait été l'une des résidences de Judicaël, prince breton du VIIe siècle, et de Salomon, roi breton de l'époque carolingienne. La motte castrale, butte de terre construite de main d'homme, entourée d'un fossé défensif, est un type de défense qui apparaît autour de l'an mil en Europe occidentale. Au sommet, s'élevait un donjon, sans doute en bois.

SITE DU CAMP DES ROUËTS / PHOTO F.L.D.

50 • LE MORBIHAN… À PIED

Le Circuit des Rouëts

PR 12

MOYEN

3H30 • 14KM

Au cours des siècles, les camps se succèdent sur la commune, laissant leurs traces au sol. Corsold, le roi des Frisons, s'y plaît et y demeure, tout comme les rois de Bretagne qui fondent le camp des Rouëts.

1 Passer devant le terrain de football, suivre la route sur 200 m, puis s'engager sur le chemin à droite. Après le ruisseau, prendre le chemin à gauche. Emprunter la route à droite. Tourner à gauche pour traverser Les Courrayes. Au croisement en T, virer à gauche et parcourir la route à droite. Dépasser les habitations de Coëtservy.

2 Emprunter à droite le chemin d'exploitation. Au bout, prendre la D 167 à droite sur quelques mètres, puis continuer à gauche, d'abord par la route puis par le chemin.

3 Tourner à droite. Emprunter la D 8 à gauche sur 60 m, puis s'engager sur le chemin à droite. Au bout, suivre la route à droite.

4 Prendre le chemin à gauche *(vue sur la forêt de Lanouée)*. Franchir le bief du moulin. Le chemin vire à droite et continue jusqu'au niveau du pont de Bréhélu. Poursuivre en face le long du Ninian.

5 Emprunter le chemin à droite. Prendre la D 8 à gauche sur 125 m, puis bifurquer sur la route à gauche et passer devant le camp des Rouëts *(motte féodale Xe-XIIIe : donjon, enceinte fortifiée VIIIe-X^e)*. Traverser Bodieu vers la droite et déboucher sur la D 8.

> **Accès au camp des Rouëts** *(possibilité de visite)* : longer la D 8 à droite, puis partir à droite et contourner les vestiges.

6 Couper la D 8 *(prudence)* et continuer en face. Au carrefour, prendre la route à gauche. Passer La Noë, bifurquer à droite, traverser Mohon et tourner à droite pour retrouver la salle polyvalente.

MARTRE
DESSIN P.R.

SITUATION
Mohon, à 19 km au Nord-Ouest de Ploërmel par la D 8

PARKING
salle polyvalente

DÉNIVELÉE
altitude mini et maxi, dénivelée cumulée à la montée
97 m
50 m — 110 m

BALISAGE
jaune

DIFFICULTÉS !
brefs parcours sur la D 8 entre **3** et **6**

À DÉCOUVRIR...

> **En chemin :**
• vue sur la forêt de Lanouée • vestiges du camp des Rouëts Ve-VIIIe

> **Dans la région :**
• Les Forges : maison de la Forêt • forêt de Lanouée • La Trinité-Porhoët : église de la Trinité • Ménéac : menhir de Bellouan

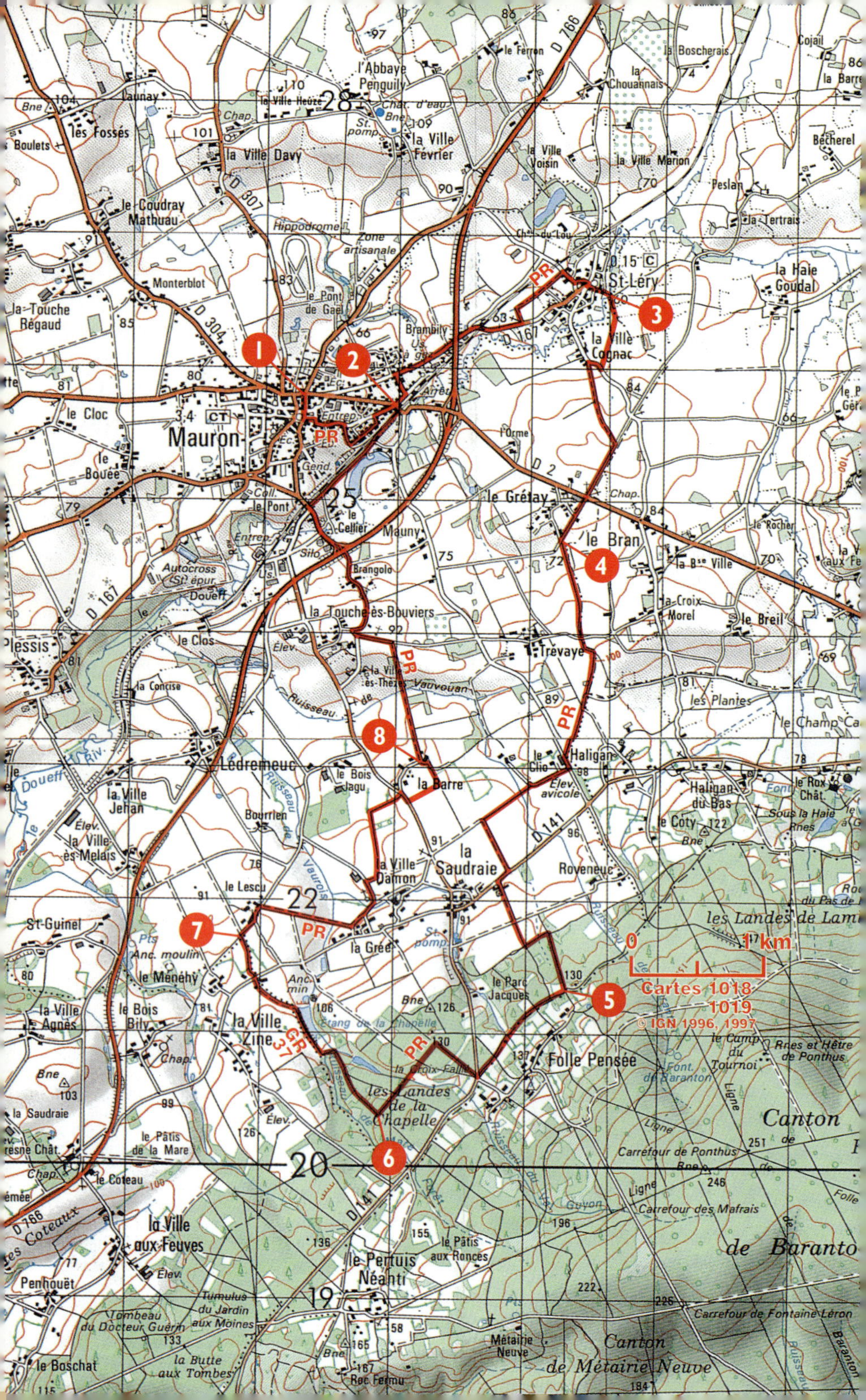

Mauron
St-Léry
la Ville Cognac
le Grétay
le Bran
Trévaye
Haligan
la Barre
la Saudraie
la Ville Damon
la Grée
le Lescu
Lédremeuc
la Touche-ès-Bouviers
Brangolo
Mauny
le Cellier
le Pont
Douëff
Autocross
Brambily
l'Orme
Folle Pensée
le Parc Jacques
les Landes de la Chapelle
la Croix-Fallet
Étang de la Chapelle
la Ville Zine
le Bois Bily
le Ménéhy
St-Guinel
la Ville Agnès
la Ville Jehan
la Ville ès-Melais
Bourrien
le Bois Jagu
Roveneuc
le Coty
Haligan du Bas
le Rox Chât.
les Landes de Lam
Canton de Baranton
Canton de Métairie Neuve
Carrefour de Ponthus
Carrefour des Mafrais
Carrefour de Fontaine Léron
le Camp du Tournoi
Rnes et Hêtre de Ponthus
Font. de Baranton
le Pertuis Néanti
le Pâtis aux Ronces
Métairie Neuve
Roc Fermu
la Butte aux Tombes
Tombeau du Docteur Guérin
Tumulus du Jardin aux Moines
la Ville aux Feuves
Penhouët
le Boschat
le Coteau
les Coteaux
le Pâtis de la Mare
la Saudraie
Plessis
le Clos
la Concise
le Cloc
le Bouëe
la Touche Régaud
Monterblot
le Coudray Mathuau
les Fossés
Boulets
Launay
la Ville Heüze
l'Abbaye Penguily
la Ville Fevrier
la Ville Davy
Hippodrome
Zone artisanale
le Pont de Gaël
le Ferron
la Chouannais
la Boscherais
la Ville Voisin
la Ville Marion
Peslan
la Tertrais
Bécherel
Cojail
la Barre
la Haie Goudal
le Rocher
la Bse Ville
la Croix Morel
le Breil
les Plantes
le Champ Ca
Sous la Haie
D 766
D 307
D 304
D 167
D 2
D 141
PR
GR 37
1
2
3
4
5
6
7
8
0
1 km
Cartes 1018
1019
© IGN 1996, 1997

Les Fontaines à Mauron

PR® 13

DIFFICILE

5H15 • 21KM

Peut-être verrez-vous, visiteur au cœur léger, elfes et lutins gambader. A moins que vous n'entendiez Morgane ou l'enchanteur Merlin. Prenez garde ! La forêt de Brocéliande n'a pas révélé tous ses secrets…

❶ Prendre la rue Nationale, la deuxième rue à gauche et poursuivre sur 300 m. Emprunter la rue à droite, tourner deux fois à gauche et continuer par la rue à droite sur 150 m.

❷ Aller à gauche, couper la D 2, poursuivre sur 100 m, partir à gauche et parcourir la rue à droite. Passer sous la D 766, franchir la voie ferrée et, à la croix, tourner à gauche, à droite, bifurquer à gauche, croiser la rue du Lou, longer l'église et continuer par la rue de la Mairie. Enjamber le ruisseau.

❸ Virer à droite *(fontaine à droite)*. Prendre la route à droite, puis s'engager sur le chemin à gauche. Emprunter la route à droite et atteindre le carrefour du Grétay. Traverser la D 2 et continuer.

❹ Bifurquer à gauche, couper la route, poursuivre, puis emprunter la route à gauche. Après Le Clio, tourner à droite, franchir le ruisseau de Barenton et prendre le chemin à gauche. Parcourir la D 141 à droite et monter à gauche en lisière de la forêt. La longer à gauche, puis s'engager sur le deuxième chemin à droite.

❺ Tourner à droite, gagner la croix Pallié, traverser la route et monter par le chemin à droite sur 400 m. Suivre le sentier à gauche et franchir le vallon.

❻ Tourner à droite, longer l'étang, couper la route et continuer sur 300 m.

❼ Obliquer à droite et atteindre Le Lescu. Suivre le chemin à droite. Il descend à la chapelle de Beuve. Prendre la route à droite, le sentier à gauche et gagner La Barre. Emprunter la D 307 à droite, le chemin à gauche, tourner à gauche et traverser à gauche une partie du hameau.

❽ S'engager sur le chemin à droite, franchir le vallon, prendre la route à gauche et arriver à La Touche-ès-Bouvier. Virer deux fois à droite, puis bifurquer à gauche pour gagner Brangolo. Poursuivre, traverser la D 766, emprunter la D 16, puis utiliser la voie verte à droite. Aller à gauche pour retrouver le carrefour de l'aller.

❷ Par l'itinéraire de l'aller, rejoindre le point de départ.

S SITUATION
Mauron, à 20 km au Nord-Est de Ploërmel par la D 766

P PARKING
mairie

/ DÉNIVELÉE
altitude mini et maxi, dénivelée cumulée à la montée

150 m
60 m — 270 m

B BALISAGE
1 à 6 > rouge
6 à 7 > blanc-rouge
7 à 1 > rouge

! DIFFICULTÉS !
traversée de la D 766 entre **8** et **1**

À DÉCOUVRIR…

> En chemin :
• Saint-Léry : église
• fontaines • forêt de Brocéliande • chapelle Sainte-Anne-de-Beuves

> Dans la région :
• Paimpont (Ille-et-Vilaine) : fontaine de Barenton
• Concoret : château de Comper, chêne à Guillotin
• Tréhorenteuc : commune classée au Patrimoine rural de Bretagne, val sans Retour
• Néant-sur-Yvel : site mégalithique du Jardin aux Moines

• 53

Les **Fontaines** à **Mauron**

REPRÉSENTATION DE LA TABLE RONDE / PHOTO CDT 56

UN PEU D'HISTOIRE
LÉGENDES ARTHURIENNES DE BROCÉLIANDE

On dit que Mauron est le nom du fils du prince breton Judicaël et de son épouse Moronoë qui régnèrent au VIIe siècle et fondèrent l'abbaye. A cette époque, la forêt de Brocéliande, dont celle de Paimpont n'est qu'un vestige, couvrait une grande partie de la région. Le nom du hameau de Beuves en Mauron garde le souvenir d'une rivière peuplée de castors. En 1186, Henry II Plantagenêt, qui se prétend le successeur d'Arthur, séjourne en Bretagne. Pour asseoir son autorité de roi de Grande-Bretagne et duc de Petite Bretagne, il encourage la localisation des légendes arthuriennes dans la forêt. Ecrivains et poètes anglo-normands font courir leur plume ; naissent alors les Romans de la Table-ronde, histoires fantastiques de Merlin l'enchanteur et de la fée Viviane. De curieuses sculptures sont conservées sur les portes de l'ancienne église ; on y voit Adam et Eve tentés par un diable en forme de serpent à tête et buste de femme et l'émeraude de Lucifer dans laquelle sera taillé le précieux Graal.

UN PEU D'HISTOIRE
GEORGES CADOUDAL, CHEF CHOUAN BRETON

ÉVOCATION DES CHOUANS / PHOTO Y.B.

Georges Cadoudal, fils de paysans aisés, naît le 1er janvier 1771 à Kerléano, près d'Auray. Devenu clerc de notaire, il rejoint le camp royaliste en 1791 pour combattre auprès des Chouans, à la suite de l'insurrection déclenchée par les levées militaires et des exactions contre les prêtres réfractaires. Devenu chef chouan du Morbihan, Cadoudal organise le retour des émigrés qui débarquent à Quiberon le 16 juin 1795, appuyés par une importante flotte anglaise. Ils seront battus par Hoche, commandant des forces républicaines. La guérilla bat son plein.

Bonaparte rétablit finalement la liberté religieuse en échange de la soumission des insurgés. Cadoudal signe la paix en 1800 au château de Beauregard à Saint-Avé, mais fuit en Angleterre. Il revient secrètement à Paris en 1803 pour préparer l'enlèvement de Bonaparte. Reconnu et arrêté le 9 mars 1804, il est guillotiné le 25 juin suivant. En 1814, Louis XVIII anoblit la famille de Cadoudal.

MYSTÉRIEUSE FORÊT DE BROCÉLIANDE... / PHOTO Y.B.

BROCARD
PHOTO D. L.

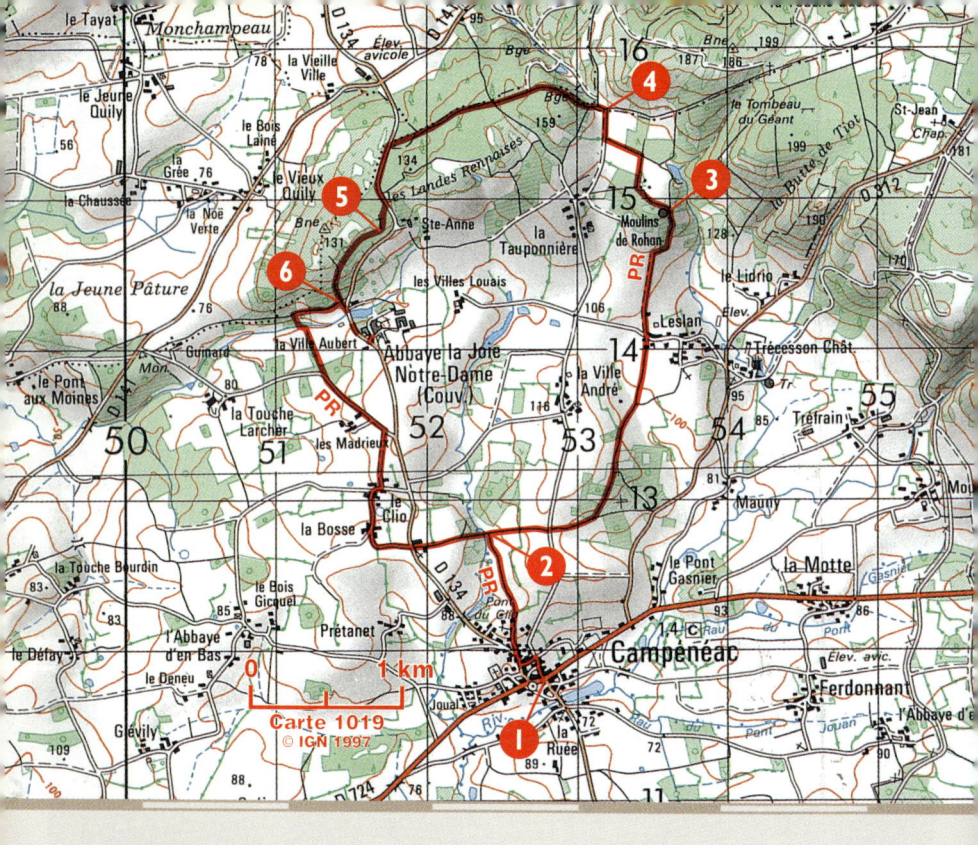

FAUNE ET FLORE
LA VIE FOURMILLE AU SEIN DE LA LANDE

La lande est pleine de vie et offre de nombreuses variétés. La bruyère, l'ajonc de Le Gall, la callune, la molinie, l'agrostis y foisonnent, constituant la majeure partie du couvert végétal. Régulièrement pâturée, la lande permet à une orchidée particulièrement rare de s'épanouir : la spiranthe d'été. Des milliers d'insectes y trouvent refuge pour le plus grand bonheur des traquets, courlis et autres busards. L'homme a toujours su utiliser la lande de manière raisonnée et adaptée à ses besoins. Fauches manuelles et pâturages étaient des pratiques coutumières jusqu'à la dernière guerre. De vastes programmes européens agri-environnementaux ont été lancés pour assurer la gestion des espaces ruraux sensibles comme la lande et la protection des espèces sauvages.

PAYSAGE DE LANDE
PHOTO Y.B.

Les Landes rennaises

PR 14

MOYEN
3H • 12KM

La croix de Sainte-Anne domine le paysage ; on y découvre les landes rennaises. Des moniales ont choisi ce lieu pour s'installer à La Joie-Notre-Dame en 1953, l'abbaye la plus récente de Bretagne.

❶ Emprunter la rue derrière l'église, la deuxième rue à gauche, la D 134 à droite, puis monter par la deuxième rue à droite. Après la croix du Moulin, elle devient un chemin.

❷ Tourner à droite. Traverser la route, puis bifurquer sur le sentier à gauche. Il mène à Leslan. Couper la route, continuer en face et monter aux moulins des Rohan.

❸ Après le premier moulin, tourner à gauche. Après le deuxième, se diriger au Nord-Ouest. Prendre le chemin à gauche, puis virer à droite.

❹ Se diriger à gauche (Ouest) sur 2 km. Emprunter la D 134 à gauche, puis bifurquer à droite et gagner la croix Sainte-Anne *(croix monumentale dominant les landes rennaises ; vaste panorama).*

❺ Quitter la croix par le chemin à droite et arriver à la lisière du bois, avant la route.

> L'abbaye de La Joie-Notre-Dame se trouve en face, à 600 m *(possibilité de visite).*

❻ Tourner à droite, puis à gauche. Continuer par la route à gauche, laisser Les Madrieux à droite, puis bifurquer à droite afin de traverser Le Clio. A La Bosse, se diriger à gauche, couper la D 134 et passer Belleville *(four à pain dans la cour).* Franchir le Comboulot et retrouver l'intersection de l'aller.

❷ Suivre le sentier et rejoindre le point de départ.

SPIRANTHE D'ÉTÉ.
DESSIN N.L.

S SITUATION
Campénéac, à 8 km à l'Est de Ploërmel par la D 724

P PARKING
place de la Mairie

/ DÉNIVELÉE
altitude mini et maxi, dénivelée cumulée à la montée

159 m
170 m
70 m

B BALISAGE
jaune

! DIFFICULTÉS !
parcours et traversée de la D 134 entre **4** et **5** puis **6** et **1**

À DÉCOUVRIR...

> En chemin :
• moulins de Rohan
• croix de Sainte-Anne
• abbaye La Joie-Notre-Dame • panorama

> Dans la région
• Campénéac : château de Trécesson, site du Tombeau des Géants
• Ploërmel : musée des Sciences naturelles, horloge astronomique
• Loyat : parc et château XVIIIe • Tréhorenteuc : commune classée au Patrimoine rural de Bretagne, val sans Retour

• 57

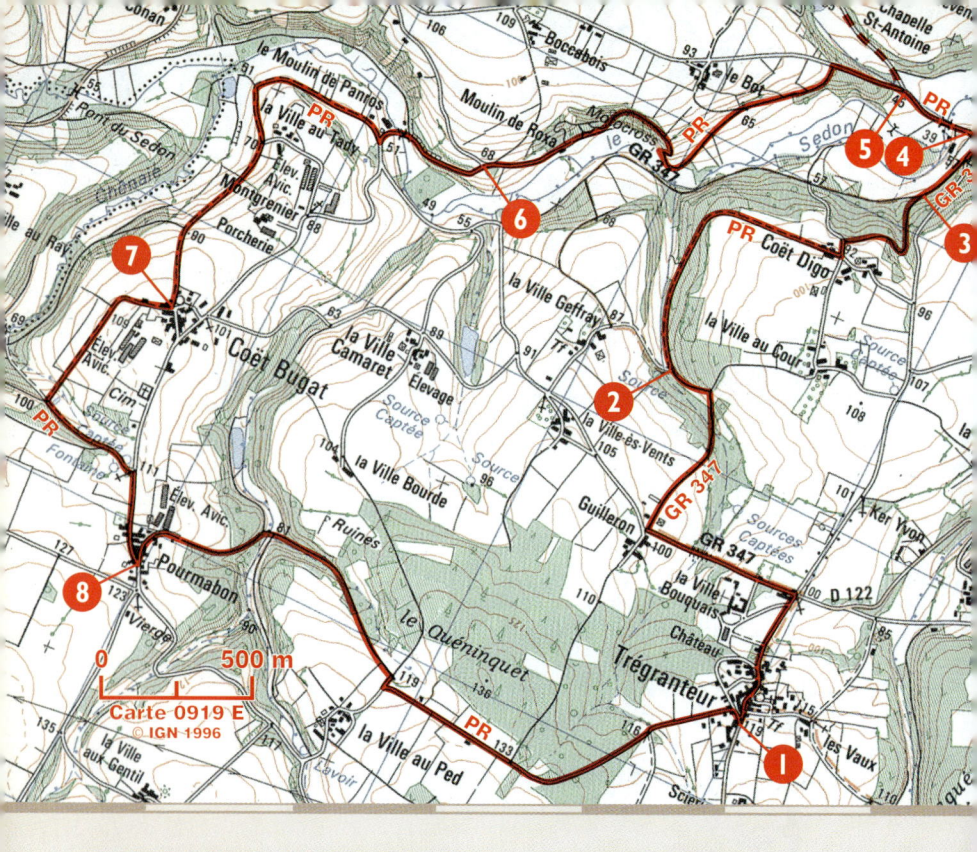

UN PEU D'HISTOIRE
LA TRÈS PUISSANTE FAMILLE DES ROHAN

Au début du XIe siècle, la Vierge apparaît dans le pays du Porhoët. Le seigneur Guéthenoc y fait construire une chapelle puis un château. Bientôt, une ville sort de terre et prend le nom de son fils, Josselin. Les descendants fondent la dynastie des Rohan qui deviendra une puissante seigneurie. Au XVe siècle, le vicomte Alain X de Rohan et son fils, Jean II, possèdent un domaine aussi grand que le Morbihan actuel. Après la famille ducale souveraine, les Rohan s'affirment comme deuxième famille bretonne. Avec le tissage et le commerce des draps, Josselin devient un important centre administratif et culturel. Puis le château subit assauts et démolitions. Il est abandonné par la famille au XVIIIe siècle. Il faut attendre le XIXe pour qu'il soit rénové.

CHÂTEAU DES ROHAN / PHOTO Y.B.

Balade de Trégranteur

PR® 15

MOYEN

3H • 11KM

MARTIN-PÊCHEUR / DESSIN P.R.

Vous êtes sur les terres de l'ancienne famille des Trégarantec, propriétaires de terres depuis 1204. Chaque dimanche, l'officier du seigneur rendait justice au pied de la colonne, fort rare en Bretagne.

S SITUATION
Guégon, à 13 km à l'Ouest de Ploërmel par les D 724 et D 126

P PARKING
église du hameau de Trégranteur, à 3 km au Sud-Est du bourg par la D 123

/ DÉNIVELÉE
altitude mini et maxi, dénivelée cumulée à la montée

133 m / 39 m / 360 m

B BALISAGE
1 à 2 > blanc-rouge
2 à 3 > figurine rouge
3 à 4 > blanc-rouge
4 à 1 > figurine rouge

❶ Quitter l'église par la gauche *(plein Nord)*. Passer le château de Trégranteur et, au calvaire, tourner à gauche. A Guilleron, s'engager sur le sentier à droite, descendre jusqu'à une l'intersection et bifurquer à gauche.

❷ À la source, suivre le chemin à droite et remonter à Coët-Digo. Au carrefour, tourner à gauche puis s'engager sur le chemin à droite.

❸ A l'embranchement, poursuivre et descendre par la route à Coët-Digo.

❹ Franchir le pont, monter par la voie communale et arriver à une bifurcation.

> **Possibilité de gagner la chapelle Saint-Antoine située à 500 m : se diriger à droite, puis tourner à droite.**

❺ Bifurquer à gauche, partir à gauche dans la vallée du Sedon, passer un ancien terrain de motocross puis le moulin de Roxa.

❻ Obliquer à gauche et franchir le petit pont sur le ruisseau. Après le moulin de Panros, tourner à droite et poursuivre par le chemin qui contourne la butte *(à gauche, manoir de Montgrenier)* jusqu'à Coët-Bugat.

❼ Après l'église, prendre à droite le chemin d'exploitation. Dans le vallon, monter à gauche *(fontaine et lavoir)* puis, au calvaire Saint-Sulpicien, suivre la route à droite.

❽ Avant le calvaire de Pourmabon, partir à gauche en direction des bâtiments d'élevage. Franchir le ruisseau et monter vers la droite. A la hauteur de La Ville-au-Ped, se diriger à droite sur quelques mètres, puis tourner à gauche et continuer par la route qui ramène à Trégranteur *(four à pain à droite)*. Emprunter la D 122 à gauche afin de retrouver l'église.

À DÉCOUVRIR...

> **En chemin :**
• Trégranteur : château XVIIIe-XIXe, église Saint-Melec et colonne de justice • moulin de Coët-Digo • chapelle Saint-Antoine • manoir de Montgrenier XIIIe
• Coët-Bugat : église XIXe

> **Dans la région :**
• Josselin : château, ville classée «petite cité de caractère» • Lizio : bourg classé «petite cité de caractère», écomusée des vieux Métiers, musée du Poète ferrailleur, insectarium • Guillac : colonne des Trente
• Guéhenno : calvaire XVIe, village du Mont

• 59

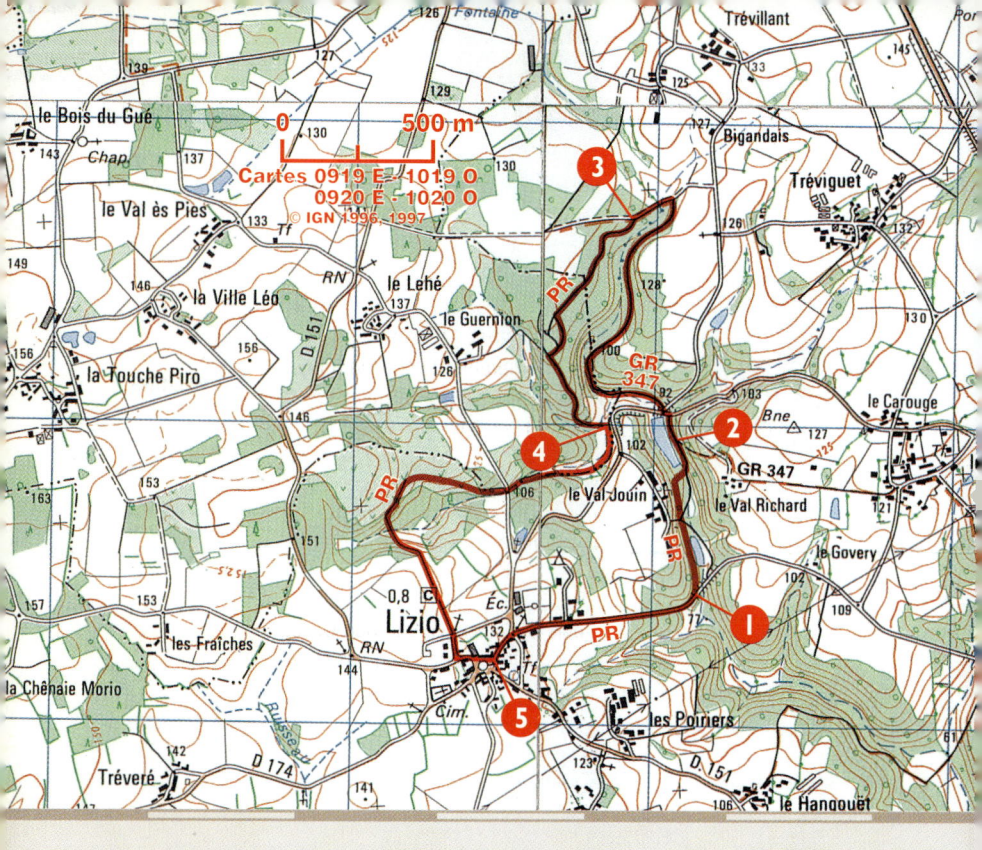

FAUNE ET FLORE
OISEAUX DES LANDES MENACÉS

La lande, espace fragile, abrite en son sein des espèces d'oiseaux aujourd'hui menacées. Les prédateurs et les inondations causent la perte de 60 % des pontes. Seulement un cinquième des busards Saint-Martin et busards cendrés qui installent leur nid y élèveront leurs petits en juillet. La linotte mélodieuse, qui revient d'Espagne et du Maroc début d'avril, dissimulera avec soin son nid de brindilles sous un épais couvert. Le pipit farlouse et le traquet pâtre choisiront les landes rases pour y nicher. Le crave à bec rouge, pourtant signalé en Bretagne dès le XVIe siècle, est en voie de disparition. Fin février, on espère entendre encore longtemps, comme symbole d'un printemps retrouvé, le chant flûté du courlis cendré qui regagne la lande pour y nicher.

LINOTTES MÉLODIEUSES / PHOTO E.B.

Les landes de Lizio

PR 16

TRÈS FACILE

1H40 • 5KM

La lande fleure bon l'ajonc et le genêt. En été, leurs jaunes écarlates éclaboussent la rocaille de mille feux. Le jardin sauvage du massif Armoricain, aux senteurs apaisantes, fourmille de vie.

❶ Quitter le parking du côté du sentier botanique et emprunter le chemin à gauche. Il surplombe l'étang. Contourner le deuxième étang par la droite.

❷ Traverser le carrefour. Poursuivre par le large chemin en face sur 1,2 km, puis tourner à gauche.

❸ Se diriger à gauche, à travers bois et landes, vers le Sud-Ouest, sur 1 km. Franchir un ruisseau et remonter sur 100 m.

❹ Au croisement des chemins, se diriger à droite, couper la route et continuer en face. Franchir un ruisseau, puis remonter vers le bourg. Longer l'église

❺ Poursuivre sur 100 m à gauche puis prendre à droite la petite route qui descend au parking du Val-Jouin.

BRUYÈRE CENDRÉE
DESSIN N.L.

COURLIS CENDRÉ / DESSIN P.R.

S SITUATION
Lizio, à 14 km au Sud-Ouest de Ploërmel par les N 166, D 4 et D 174

P PARKING
étang du Val-Jouin (côté sentier botanique)

/ DÉNIVELÉE
altitude mini et maxi, dénivelée cumulée à la montée

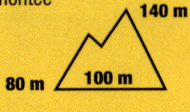

140 m / 80 m / 100 m

B BALISAGE
1 à 2 > bleu
2 à 3 > blanc-rouge
3 à 1 > bleu

À DÉCOUVRIR...

> En chemin :
• lande • Lizio : bourg classé « petite cité de caractère », église XVIIe

> Dans la région :
• Lizio : écomusée des vieux Métiers, musée du Poète ferrailleur, insectarium
• Le Roc-Saint-André : manoir de la Touche-Carné
• Sérent : tourbières de Kerfontaine
• Trédion : château XIXe

• 61

TRADITION
ETONNANT POÈTE FERRAILLEUR

Les morceaux de ferraille s'animent, les pantins articulés de métal entrent en scène. C'est l'univers fabuleux de Robert Coudray que l'on découvre dans la campagne de Lizio, comme un pas dans une enfance retrouvée. Cinéaste de formation, tailleur de pierre par tradition, l'homme a patiemment récupéré moult déchets pour donner vie à une soixantaine d'œuvres animées : fontaines étonnantes, avionneurs, funambules et autres sculptures musicales... Une maison écologique, faite de terre et de chanvre, de pierre et de matériaux sains, complète la visite.

Le musée a reçu en 2001, le premier prix régional des « Bravos du tourisme ». Avec humour, tendresse et poésie, Robert donne du bonheur, sculpte le rêve et invite le visiteur à vivre sa propre aventure.

AVIATEUR ET DON QUICHOTTE / PHOTOS R.C.

Sentier botanique de Lizio

PR® 17

FACILE
2H20 • 7KM

Tel un livre ouvert, l'on apprend en marchant, les sens en éveil. Au départ du Val-Jouin, les pages du sentier botanique s'égrènent jusque vers le Sud de la commune où l'on croise la vallée de Tromeur.

❶ Prendre la direction du bourg sur 100 m, puis s'engager à gauche sur le sentier botanique qui longe le ruisseau.

❷ Grimper par le chemin escarpé à droite et arriver à une intersection.

❸ Poursuivre tout droit par le chemin.

❹ S'engager en face à travers bois. Obliquer à droite et monter vers la lisière du bois. Poursuivre par un large chemin qui descend dans la vallée de Tromeur.

❺ Prendre la route à gauche *(sur la gauche, manoir de Tromeur avec tour et pigeonnier XVe-XVIe-XVIIe ; siège de la famille des seigneurs de Sérent)*. Emprunter à gauche le chemin empierré en direction de La Ville-es-Malais sur 600 m.

❻ Partir à gauche à travers bois. Descendre par la route à gauche, passer le moulin de Marsac, franchir la vallée et remonter sur 250 m.

❼ S'engager dans le passage à gauche et longer la vallée. Franchir un affluent, puis retrouver la bifurcation de l'aller.

❷ Regagner le parking.

CAMPAGNOL AGRESTE / DESSIN P.R.

S SITUATION
Lizio, à 14 km au Sud-Ouest de Ploërmel par les N 166, D 4 et D 174

P PARKING
étang du Val-Jouin

/ DÉNIVELÉE
altitude mini et maxi, dénivelée cumulée à la montée

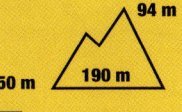

94 m
50 m / 190 m

B BALISAGE
1 à 3 > jaune
3 à 4 > blanc-rouge
4 à 5 > jaune
5 à 6 > blanc-rouge
6 à 1 > jaune

! DIFFICULTÉS !
passages humides en hiver

À DÉCOUVRIR...

> En chemin :
• panneaux sur la flore
• Tromeur : manoir

> Dans la région :
• Lizio : bourg classé « petite cité de caractère », écomusée des vieux Métiers, musée du Poète ferrailleur, insectarium • Sérent : tourbière de Kerfontaine • Saint-Guyomard : château de Brignac • Callac : chemin de croix

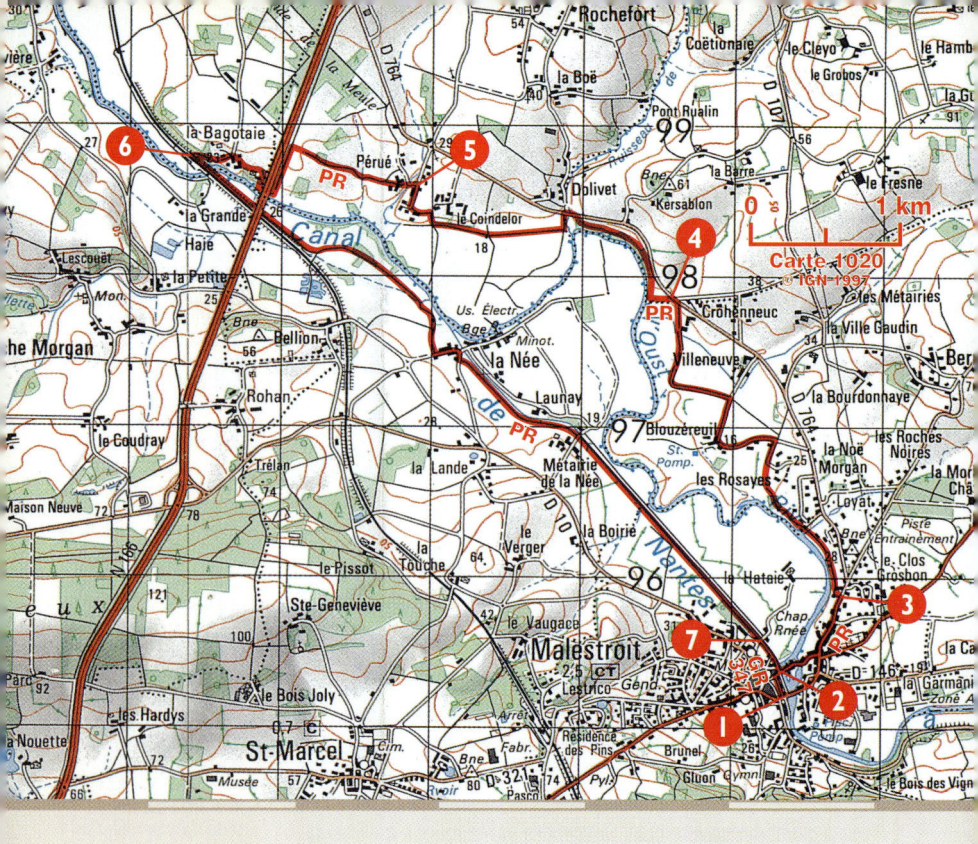

PATRIMOINE
Canal de Nantes à Brest à Malestroit

Le développement de Malestroit est intimement lié à la rivière. Au début du XVIIIe siècle, l'Oust est régulièrement utilisée pour le transport de marchandises. La commune prend un nouveau souffle en 1840 avec l'ouverture du canal. Jusqu'en 1977, le défilé des péniches en bois puis des chalands et autres automoteurs est incessant. Aujourd'hui, les bateaux de plaisance ont pris la relève. Plus de trois milliers de coques passent l'écluse chaque année avec une moyenne de trente par jour en été. C'est de l'écluse de Malestroit, le 15 juillet 1966, que le « François Virginie » largue les amarres. Roger Plisson, peintre en bâtiment et navigateur autodidacte accompli en dix-huit mois, un tour du monde en solitaire sur ce bateau construit de ses mains.

PÉNICHE DE PLAISANCIERS SUR LE CANAL / PHOTO Y.B.

Entre la rivière d'Oust et le canal

PR® 18
MOYEN
3H30 • 14KM

CALOPTÉRIX ÉCLATANT
DESSIN P.R.

On la nomme la perle de l'Oust. De tout temps, Malestroit a su tirer parti de l'eau qui la borde. Dans les halles, aujourd'hui disparues, l'on vendait le sel de Guérande livré par péniches entières.

❶ Longer le quai en direction de l'écluse.

❷ Franchir le pont à droite. Au carrefour, prendre la route à gauche et passer les vestiges de la chapelle de la Madeleine situées à gauche.

❸ Bifurquer à gauche et longer l'Oust. Passer Les Rosayes et arriver à un croisement. Tourner à gauche, gagner Blouzéreuil, se diriger à droite sur 250 m, puis virer à gauche. Poursuivre par la route. Après La Blangeraye, emprunter la D 764 à gauche sur 60 m.

❹ S'engager sur le petit sentier à gauche et longer la rivière à droite. Prendre la D 764 à gauche, franchir le petit pont et descendre à gauche. Emprunter le sentier à droite et, au deuxième carrefour, monter à droite sur 60 m. Tourner à gauche puis suivre la route à droite.

❺ Se diriger à gauche vers Pérué et continuer tout droit. Longer la voie rapide à gauche et arriver au canal de Nantes à Brest. Passer sous le pont à droite, traverser La Bagotaie puis, au carrefour, bifurquer à gauche.

❻ Au pied du remblai de l'ancienne voie ferrée, monter à gauche et emprunter la voie verte sur 1 km. Après le canal et la N 166, bifurquer sur le chemin à gauche. Traverser Le Carrouge par la route à gauche. Avant le pont, prendre la route à droite sur 60 m, puis s'engager sur le sentier qui longe le canal. Passer La Métairie-de-la-Née et continuer tout droit.

❼ Poursuivre tout droit par les quais et revenir au point de départ.

S SITUATION
Malestroit, à 15 km au Sud de Ploërmel par les N 166 et D 764

P PARKING
quai Roger-Plisson

/ DÉNIVELÉE
altitude mini et maxi, dénivelée cumulée à la montée

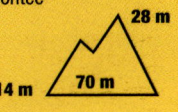

28 m
14 m
70 m

B BALISAGE
1 à 2 > blanc-rouge
2 à 7 > bleu
7 à 1 > blanc-rouge

! DIFFICULTÉS !
parcours sur la D 168 entre **2** et **3**

À DÉCOUVRIR...

> En chemin :
• vestiges de la chapelle de la Madeleine • vallée de l'Oust • voie verte
• canal de Nantes à Brest

> Dans la région :
• Missiriac : châteaux, église XVIe • Ruffiac : manoir de Balangeard
• Malestroit : maison de l'eau et de la pêche
• Saint-Marcel : musée de la Résistance bretonne

• 65

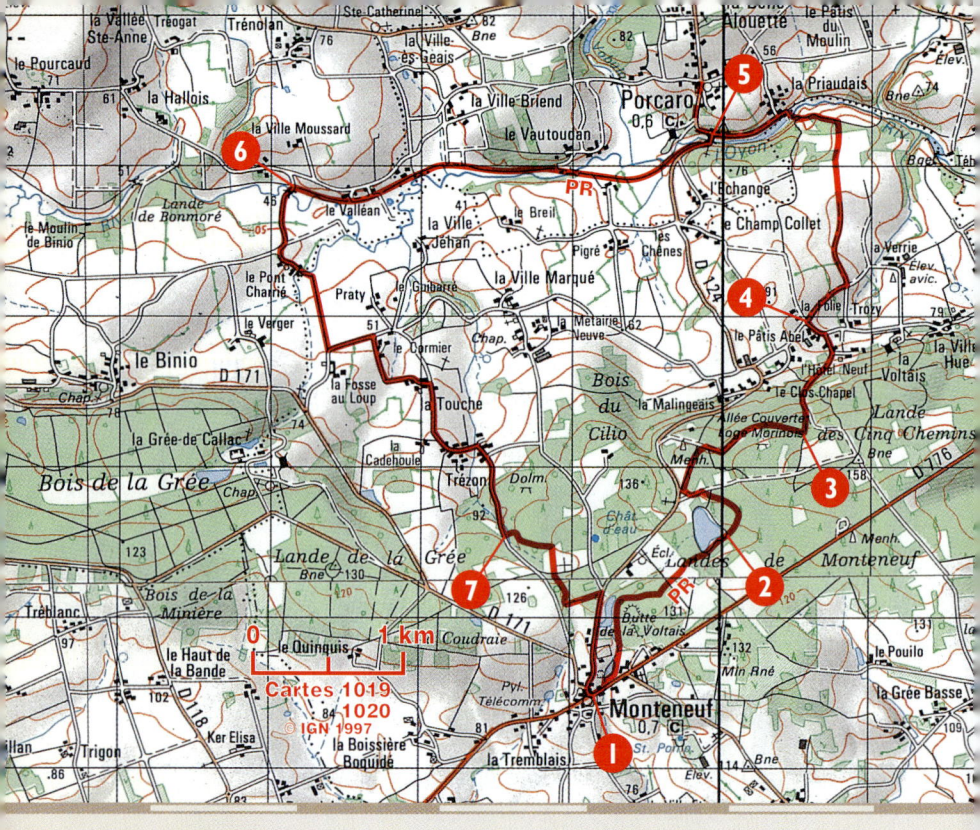

TRADITION
LES MOTARDS AU PARDON DE PORCARO

Chaque année, les 14 et 15 août, les motards se rassemblent au pardon de Porcaro. Près de 300 bénévoles, dans une commune qui ne compte que 550 habitants, assurent l'accueil, la restauration et l'organisation du camping gratuit au « village de toiles ». Puis, les quelque 20 000 pèlerins forment une procession avant de se rassembler à la grotte de Porcaro et de conclure la soirée par un grand concert. Le lendemain, avant la messe, les motards, installés sur leurs engins, passent devant les prêtres pour se faire bénir, en gage d'une protection de la Madone. Ils sont alors rejoints par quelque 30 000 visiteurs qui partagent ce temps d'émotion. Le week-end s'achève par une balade de 80 kilomètres à travers une vingtaine de communes environnantes.

PARDON DES MOTARDS À PORCARO / PHOTO Y.B.

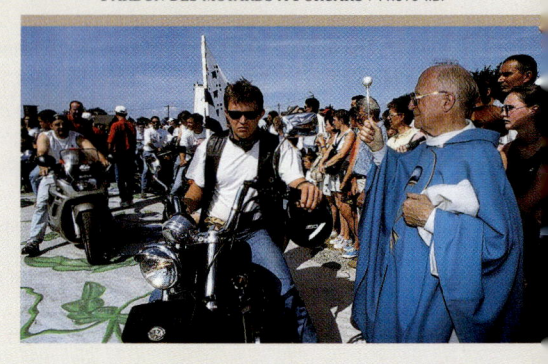

66 • LE MORBIHAN… À PIED

Boucle du Chaperon rouge

PR® 19

MOYEN

3H45 • 15KM

De tout temps, l'homme a manifesté sa foi et sa quête spirituelle. Trente pierres, de la période néolithique, ont été relevées sur les quatre cents repérées, organisées en six longues files parallèles.

① SITUATION
Monteneuf, à 24 km au Sud-Est de Ploërmel par les D 8 et D 776

P PARKING
maison des randonneurs

DÉNIVELÉE
altitude mini et maxi, dénivelée cumulée à la montée

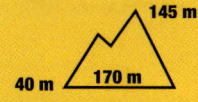

145 m
40 m — 170 m

B BALISAGE
jaune

! DIFFICULTÉS !
parcours sur la D 124 entre 7 et 1

❶ Se diriger vers l'étang, partir à gauche pour le longer, puis rejoindre l'étang du Chaperon-Rouge. Monter à droite sur la butte de la Voltais et tourner à gauche en direction des landes de Monteneuf.

❷ Contourner l'étang de Quéheon, se diriger à gauche sur 60 m, puis suivre le chemin à droite sur 250 m et tourner à droite. Arriver à l'allée couverte de la Loge-Morinais.

❸ Ne pas emprunter le circuit des Mégalithes à droite, mais tourner à gauche et passer près de l'élevage de l'Hôtel-Neuf.

❹ Au Patis-Abel, prendre le chemin à droite, puis le chemin à gauche sur 850 m (*à droite, tertre tumulaire du Tombeau des Rochettes*). Au bout, descendre à gauche, franchir l'Oyon et longer la rive à gauche jusqu'à une intersection.

FUMETERRE OFFICINALE
DESSIN N.L.

> Possibilité de gagner Porcaro tout droit, à 400 m.

❺ Tourner à gauche, franchir la rivière et passer le calvaire. Suivre le fond de la vallée de l'Oyon sur plus de 2 km.

❻ Emprunter la route à gauche jusqu'au Pont-Charrié. Franchir le ruisseau. Prendre la route à gauche puis la route à droite et arriver à La Touche. Poursuivre par la route à droite, traverser Trézon et continuer par la route à droite sur 500 m.

❼ S'engager à gauche sur le chemin forestier. Prendre le sentier à droite. A la route, prendre à droite, traverser le bois et atteindre le terrain de football. Passer près du camping et regagner le point de départ.

À DÉCOUVRIR...

> En chemin :
• étang du Chaperon-Rouge • étang de Quéheon • allée couverte de la Loge-Morinais • Porcaro : oratoire de la Madone des motards • vue sur la vallée de l'Oyon

> Dans la région :
• Monteneuf : alignement des Pierre Droites • Beignon : chapelle Saint-Etienne IXe • Ploërmel : maison des Marmousets, église Saint-Armel XVIe

• 67

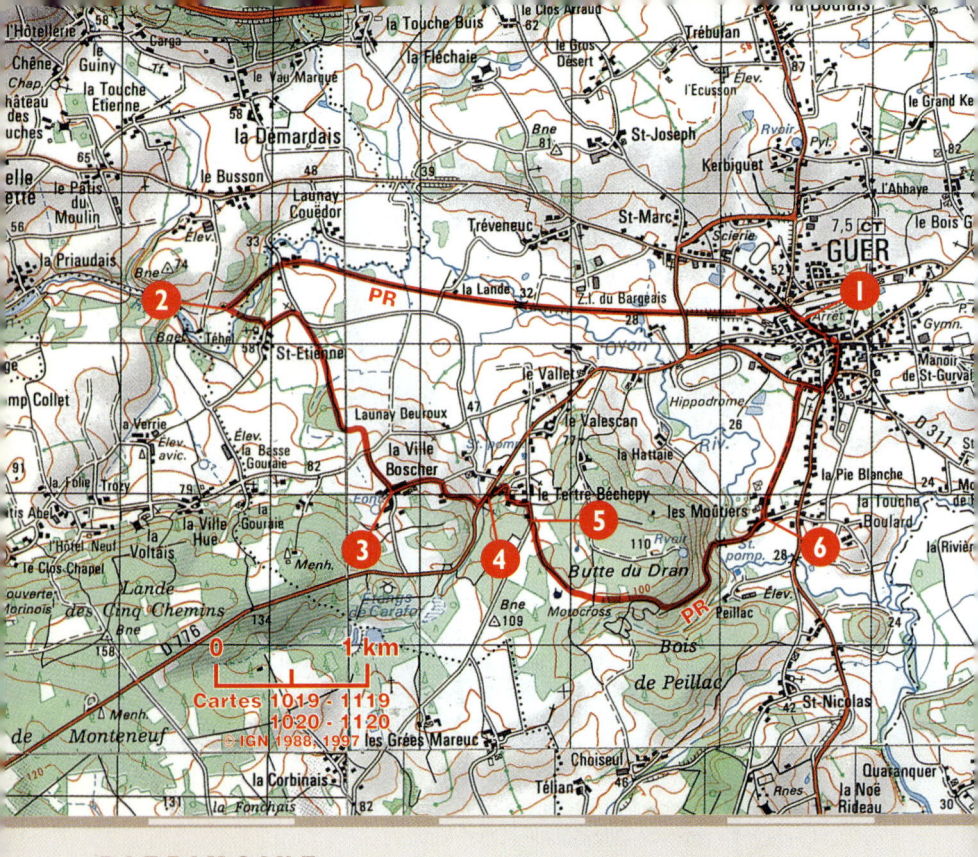

PATRIMOINE
L'ÉCOLE DES OFFICIERS DE SAINT-CYR

C'est en 1945 que le général de Lattre crée, sur le site de Coëtquidan, une école « unique pour une France unie », accueillant à la fois civils et militaires qui prend le nom d'Ecole spéciale militaire inter-armes. En 1961, sous l'impulsion du général de Gaulle, l'Ecole spéciale militaire de Saint-Cyr est construite. Les murs de la vieille école sont relevés pour abriter un collège militaire qui devient le lycée militaire de Saint-Cyr-l'Ecole. En 1977, une troisième école s'implante à Coëtquidan : l'Ecole militaire du corps technique et administratif. Maison-mère des officiers de l'armée de terre, les écoles assurent la formation initiale des officiers de carrière, des officiers sous contrat et des volontaires aspirants de l'armée de terre.

MUSÉE DU SOUVENIR À COËTQUIDAN/ PHOTO F. L.D

CHAPEAU DE NAPOLÉON/ PHOTO F. L.D

68 • LE MORBIHAN… À PIED

Le Butte du Dran

PR **20**

MOYEN

3H • 11KM

Au cours de la balade, vous découvrirez la chapelle Saint-Etienne, l'une des plus vieilles du département, siège d'un prieuré en 1681. La maçonnerie conserve encore les vestiges d'un édifice gallo-romain.

S SITUATION
Guer, à 22 km à l'Est de Ploërmel par les N 24 et D 773

P PARKING
office du tourisme

/ DÉNIVELÉE
altitude mini et maxi, dénivelée cumulée à la montée

101 m
30 m / 130 m

B BALISAGE
jaune

! DIFFICULTÉS !
• zone humide en hiver après **2** • parcours sur la D 773 entre **6** et **1**

EPERVIER D'EUROPE / DESSIN P.R.

❶ Partir à gauche de l'office de tourisme et emprunter l'ancien tracé du chemin de fer. Couper la route, passer au-dessus d'un étang, franchir le pont, croiser la route de La Lande et poursuivre. Traverser la route, enjamber le ruisseau et continuer sur 450 m.

❷ Tourner à gauche et franchir à nouveau le ruisseau. Monter en face et arriver à la chapelle *(classée)* Saint-Etienne *(une des plus anciennes du département)*. Suivre la route à gauche. Au calvaire, prendre la route à droite et, dans le virage, continuer par le sentier en face. Longer un bois, couper la route et gagner La Ville-Boscher *(hameau fleuri en saison)*.

❸ Se diriger à gauche sur 300 m, puis bifurquer à droite et descendre dans le vallon (Pierre Tremblante). Longer la D 776 à gauche et la traverser.

❹ S'engager sur le chemin à droite. Au croisement, aller à droite et passer Le Cas-Vauniel. Prendre la route à droite sur 50 m.

❺ Bifurquer sur le sentier à gauche et poursuivre droit devant. Pénétrer dans la forêt qui couvre la butte du Dran, descendre et franchir le pont.

❻ Aux Moutiers, bifurquer sur le chemin d'exploitation à gauche. Emprunter la D 773 à droite. Au carrefour, se diriger à gauche vers l'église, la dépasser et rejoindre le parking de l'office de tourisme.

À DÉCOUVRIR...

> En chemin :
• Saint-Etienne : prieuré et chapelle IXe • La Ville-Boscher : hameau fleuri • la Pierre Tremblante

> Dans la région :
• Saint-Malo-de-Beignon : jardin des Evêques, étang
• Campénéac : abbaye de La-Joie-Notre-Dame
• Beignon : chapelle Saint-Etienne IXe • La Gacilly : village artisanal, végétarium

• 69

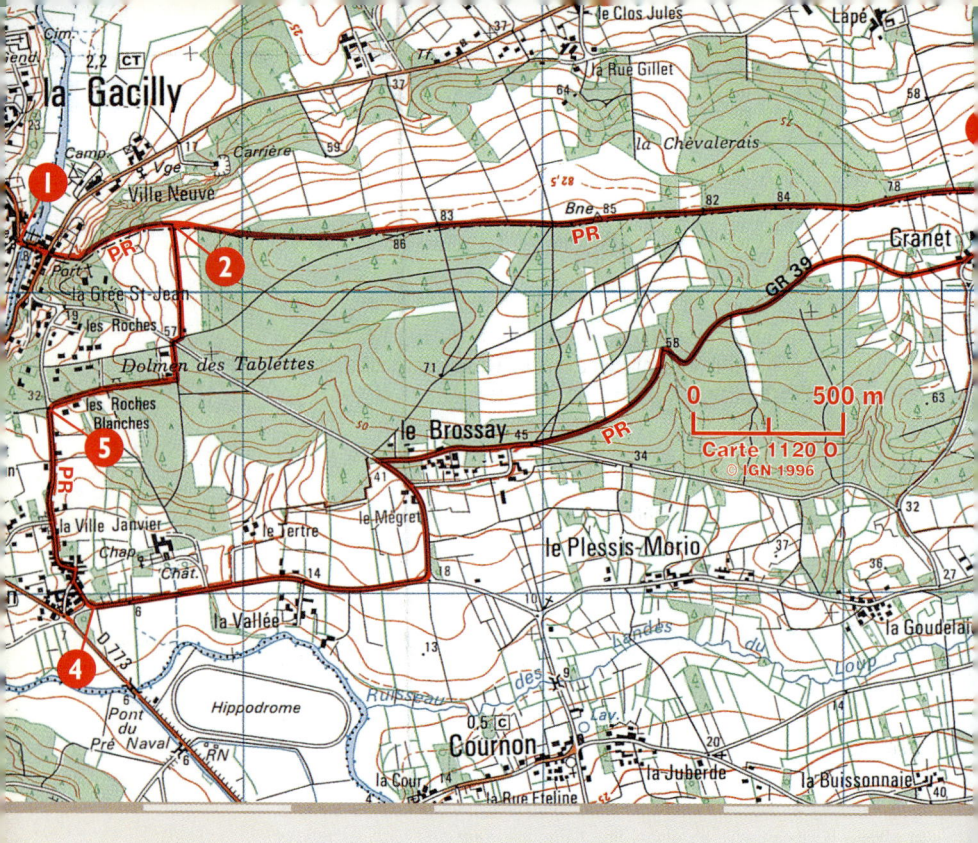

ÉCONOMIE
USINE ET VÉGÉTARIUM YVES ROCHER

Le site industriel Yves Rocher s'offre à la visite ; on y découvre, par une vue panoramique, les 2600 m² d'ateliers où s'élaborent secrètement les produits de beauté. Le Végétarium, premier musée en Europe entièrement consacré au monde végétal, est un lieu de divertissement et de sensibilisation pour mieux comprendre et apprécier la diversité de la nature. Né de la collaboration entre le muséum national d'histoire naturelle et Yves Rocher, cet espace multi-sensoriel abrite une reconstitution de la forêt tropicale et du désert aride. Le jardin botanique s'étend sur deux hectares. Il est envahi par les senteurs de plantes médicinales, alimentaires ou tinctoriales. Bon nombre d'entre elles entrent dans la composition des produits cosmétiques.

CHAMP DE MARGUERITES / PHOTO Y.B.

Les Tablettes de La Gacilly

PR 21
FACILE
3H • 10KM

Quelques « palis », dalles de schiste fichées dans le sol, subsistent encore ; ils servaient à délimiter prés et prairies. Vestiges symboliques des pierres mégalithiques que recèle encore la commune.

1 Traverser le pont qui enjambe l'Aff, gravir en face entre deux maisons une douzaine de marches et continuer à monter en suivant l'indication *circuit pédestre de Cournon*, jusqu'à une intersection.

2 Laisser le chemin du retour à droite et pénétrer dans le bois de pins par un large chemin. Il longe la crête de la colline sur près de 4 km *(ancienne voie romaine ; il marque la limite des départements du Morbihan et de l'Ille-et-Vilaine)*.

3 Au carrefour, tourner à droite et descendre au Cranet. A l'entrée du hameau, bifurquer à droite, puis partir à droite. Le chemin franchit plusieurs talwegs et descend au Brossay. Traverser le hameau par la route à droite, puis emprunter la rue des Palis à gauche sur 250 m. Au carrefour, prendre la route à droite et continuer tout droit *(à droite, château de la Ville-Janvier)*.

4 Se diriger à droite, traverser le hameau typique de Lestun et poursuivre par la route.

5 S'engager sur le chemin à droite, vers un bois. Il mène au dolmen des Tablettes. Tourner à gauche, couper la route, puis bifurquer à gauche et retrouver l'intersection de l'aller.

2 Virer à gauche et utiliser l'itinéraire suivi à l'aller pour rejoindre le point de départ.

ÉCUREUIL ROUX / DESSIN P.R.

S SITUATION
La Gacilly, à 15 km au Nord de Redon par les D 873 et D 773

P PARKING
office du tourisme

/ DÉNIVELÉE
altitude mini et maxi, dénivelée cumulée à la montée

85 m
6 m
160 m

B BALISAGE
jaune

! DIFFICULTÉS !
• forte montée entre **1** et **2** (et forte descente au retour)

À DÉCOUVRIR...

> En chemin :
• ancienne voie romaine
• château de la Ville-Janvier xixe • Lestun : hameau typique • dolmen des Tablettes

> Dans la région :
• La Gacilly : végétarium
• Peillac : commune classée au patrimoine rural de Bretagne
• Saint-Nicolas-du-Tertre : bois de Grisan
• Saint-Vincent-sur-Oust : site classé de l'Ile-aux-Pies

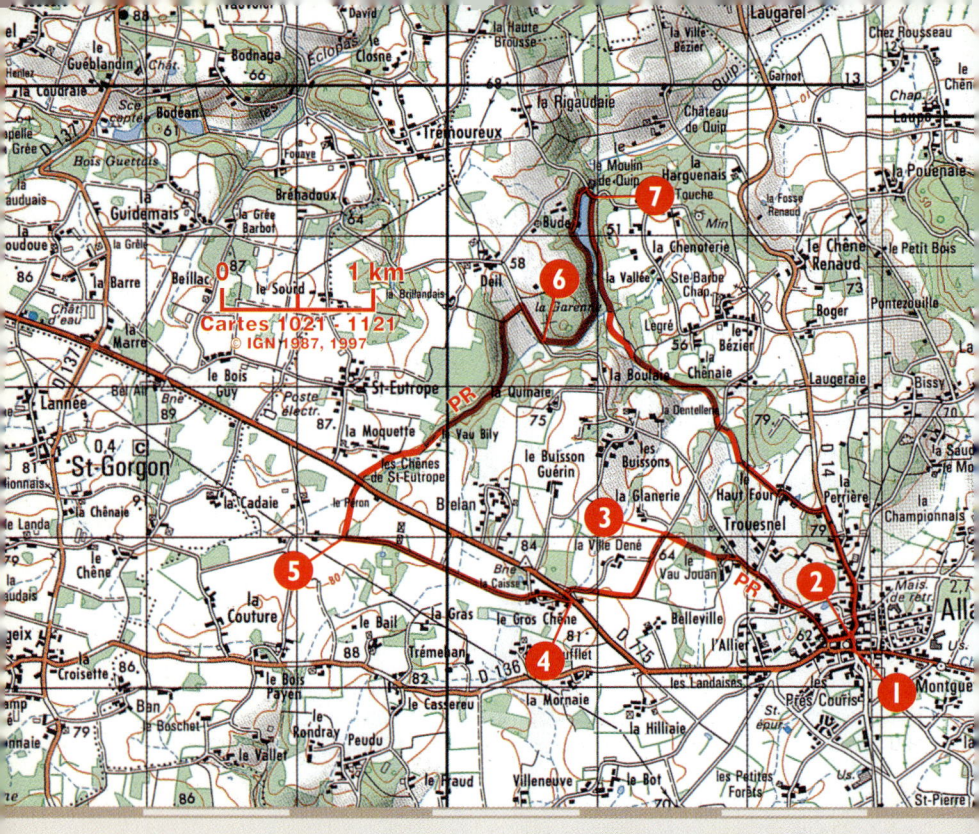

UN PEU D'HISTOIRE
PASSÉ PRESTIGIEUX DU MANOIR DE DEIL

La date de 1108 se lit encore à l'intérieur du corps de logis du manoir de Deil (« feuilles » en breton), siège jusqu'en 1409 de la seigneurie des Camzon dont le droit de justice s'étend sur une partie de Saint-Jacut-les-Pins. Au XVIIe siècle, le sénéchal de Deil exerce chaque semaine sa juridiction au bourg d'Allaire. Y vécurent René Pépin, décédé en 1633, président aux requêtes du Parlement de Bretagne ; René Héry, notaire de la juridiction sous la Révolution, maire de Redon de 1800 à 1806 ; Paul de Gibon, maire de Redon de 1871 à 1875. Le château est situé en bordure de l'ancienne voie romaine qui reliait Rieux, antique Durétie, à Allaire, puis Peillac vers le nord, franchissant l'Oust dans un lieu longtemps nommé le « passage des Romains ».

PHOTO CARTOPOLE

72 • LE MORBIHAN… À PIED

Circuit du Moulin du Quip

PR® 22

MOYEN

3H • 12KM

Le sentier plonge dans la fraîcheur de la vallée de Quip et de son étang poissonneux, au cœur du pays de Redon et de Vilaine, rencontre de trois départements bretons et de deux régions administratives.

❶ Prendre la D 14 en direction de Peillac sur 150 m.

❷ Emprunter la rue du 19-Mars à gauche, puis la rue du Deil à droite. Traverser Maison-Neuve et pour-suivre jusqu'au Vau-Jouan.

❸ A la statue, partir à gauche, poursuivre droit devant et franchir deux passerelles de bois qui enjambent des ruisseaux. Au croisement en T, virer à gauche, longer un pré, tourner à droite et emprunter un chemin bordé de châtaigniers. Continuer par la route, se diriger à gauche et prendre la D 775 à gauche sur quelques mètres.

❹ Emprunter la route à droite. Traverser Le Gros-Chêne par la droite et poursuivre par le large chemin empierré sur plus d'1 km.

MENTHE AQUATIQUE / DESSIN N.L.

❺ Virer à droite. Le sentier longe un bois. Emprunter la D 775 à gauche sur 80 m, puis s'engager à droite sur le chemin en sous-bois. Continuer par le sentier le plus à droite et passer entre des prés. Prendre la route à droite sur 250 m.

❻ S'engager sur le sentier à gauche. Longer l'étang jusqu'au moulin du Quip. Prendre la route à droite sur 100 m.

❼ Partir à droite pour longer l'autre rive de l'étang. Dans le marais, franchir une passerelle de bois, tourner à gauche et utiliser une deuxième passerelle. Poursuivre droit devant. Emprunter la route à droite sur 100 m, puis s'engager à gauche à travers bois et atteindre Le Haut-Four. Prendre la route à gauche, la D 14 à droite et regagner le bourg d'Allaire.

❷ En face, retrouver le point de départ.

S SITUATION
Allaire, à 9 km au Sud-Ouest de Redon par la D 775

P PARKING
église

/ DÉNIVELÉE
altitude mini et maxi, dénivelée cumulée à la montée
80 m
30 m / 70 m

B BALISAGE
jaune

! DIFFICULTÉS !
parcours sur la D 14 entre **7** et **1**

À DÉCOUVRIR...

En chemin :
• étang et moulin du Quip

Dans la région :
• Béganne : château de Léhélec • Saint-Vincent-sur-Oust : site classé de l'Ile-aux-Pies • Peillac : commune classée au patrimoine rural
• Rochefort-en-Terre : commune classée « petite cité de caractère »

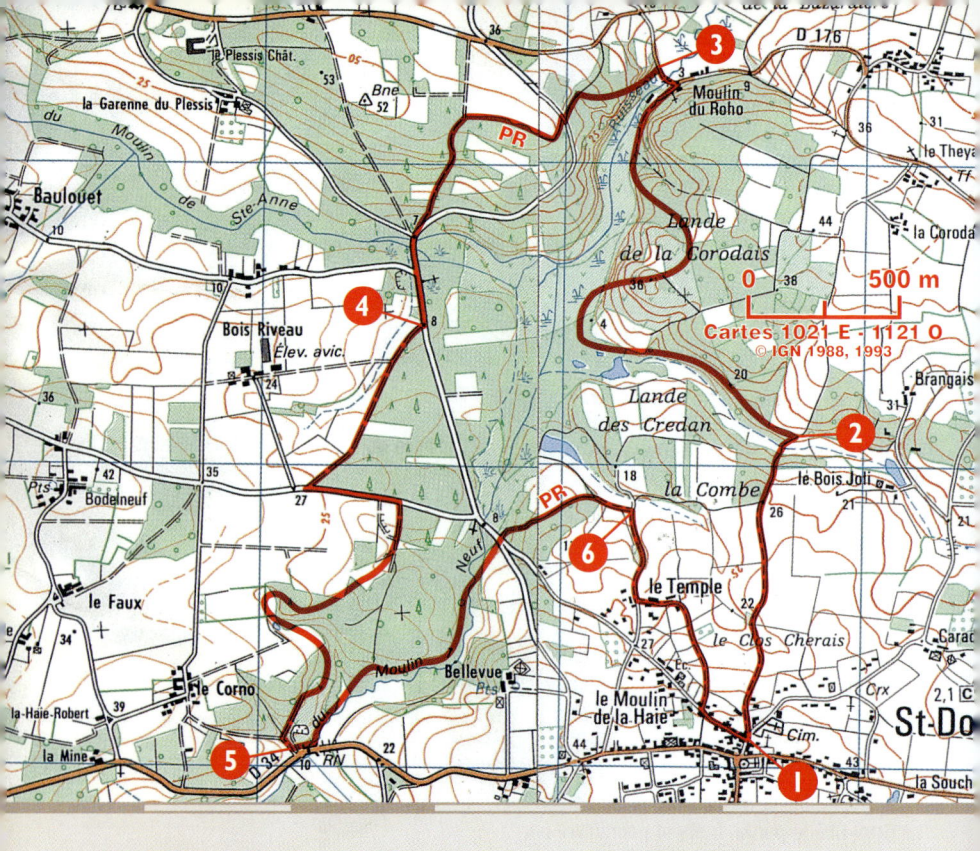

FAUNE ET FLORE
LA TOURBIÈRE : FRAGILE ET VIVANTE

Une ambiance mystérieuse se dégage des zones humides de Saint-Dolay. La terre est ici en gestation. Dans la tourbière en activité, les sphaignes fabriquent la tourbe. Véritables éponges, elles stockent l'eau jusqu'à trente fois leur poids. On y trouve aussi des plantes caractéristiques du milieu : la droséra, plante carnivore, et le rhynchospore blanc, petite cypéracée. La molinie prolifère et forme de grosses mottes nommées touradons dont seul un pâturage régulier permet d'éviter la prolifération. Il y a cinquante ans, la France comptait entre 100 et 120 000 hectares de zones tourbeuses. Il n'en resterait que la moitié, dont 6 000 en Bretagne. Un plan national pour la protection des zones humides, dont les tourbières, a été adopté en 1995.

ZONE HUMIDE / PHOTO Y.B.

74 • LE MORBIHAN... À PIED

Buttes et marais de Saint-Dolay

PR 23

FACILE

3H • 10KM

Il n'y a pas si longtemps, la roue du moulin du Roho tournait encore, actionnant la meule et la turbine électrique. Ecoutez ! Peut-être entendrez-vous alors la voix du meunier et les roues des charrettes ?

❶ S'engager au Nord dans le chemin sur 1 km.

❷ Au croisement, tourner à gauche et longer le petit ruisseau. Monter à travers bois pour atteindre le moulin et le calvaire du Roho. Prendre la D 176 à gauche et franchir le pont.

❸ Monter par le sentier à gauche. Prendre le chemin à gauche, couper la route, longer le bois et descendre à gauche. Poursuivre par la route en face sur 300 m.

❹ S'engager sur le chemin à droite. Prendre la route à gauche sur 300 m, puis partir à droite, à travers bois. Poursuivre et arriver à une intersection.

❺ Tourner à gauche avant la D 34 et longer à gauche le ruisseau du Moulin-Neuf, en sous-bois. Franchir le ruisseau, traverser la patte d'oie routière et poursuivre par le chemin en face.

❻ Virer à droite, puis emprunter la première route à gauche. Au croisement, prendre la route à gauche et retrouver le point de départ.

GENTIANE PNEUMONANTHE / DESSIN N.L.

TOURBIÈRE ET LINAIGRETTES / PHOTO Y.B.

S SITUATION
Saint-Dolay, à 15 km au Sud de Redon par les D 775 et D 114

P PARKING
derrière la mairie

/ DÉNIVELÉE
altitude mini et maxi, dénivelée cumulée à la montée

3 m — 170 m — 38 m

B BALISAGE
jaune

! DIFFICULTÉS !
parcours sur la D 176 entre **3** et **4**

À DÉCOUVRIR...

> En chemin :
• bois • zones humides
• moulin et calvaire de Roho

> Dans la région :
• Saint-Dolay : site départemental de la Corodais
• La Roche-Bernard : musée de l'Abeille, bourg classé « petite cité de caractère »
• Férel : barrage d'Arzal-Camoël
• Rieux : château, chapelle

• 75

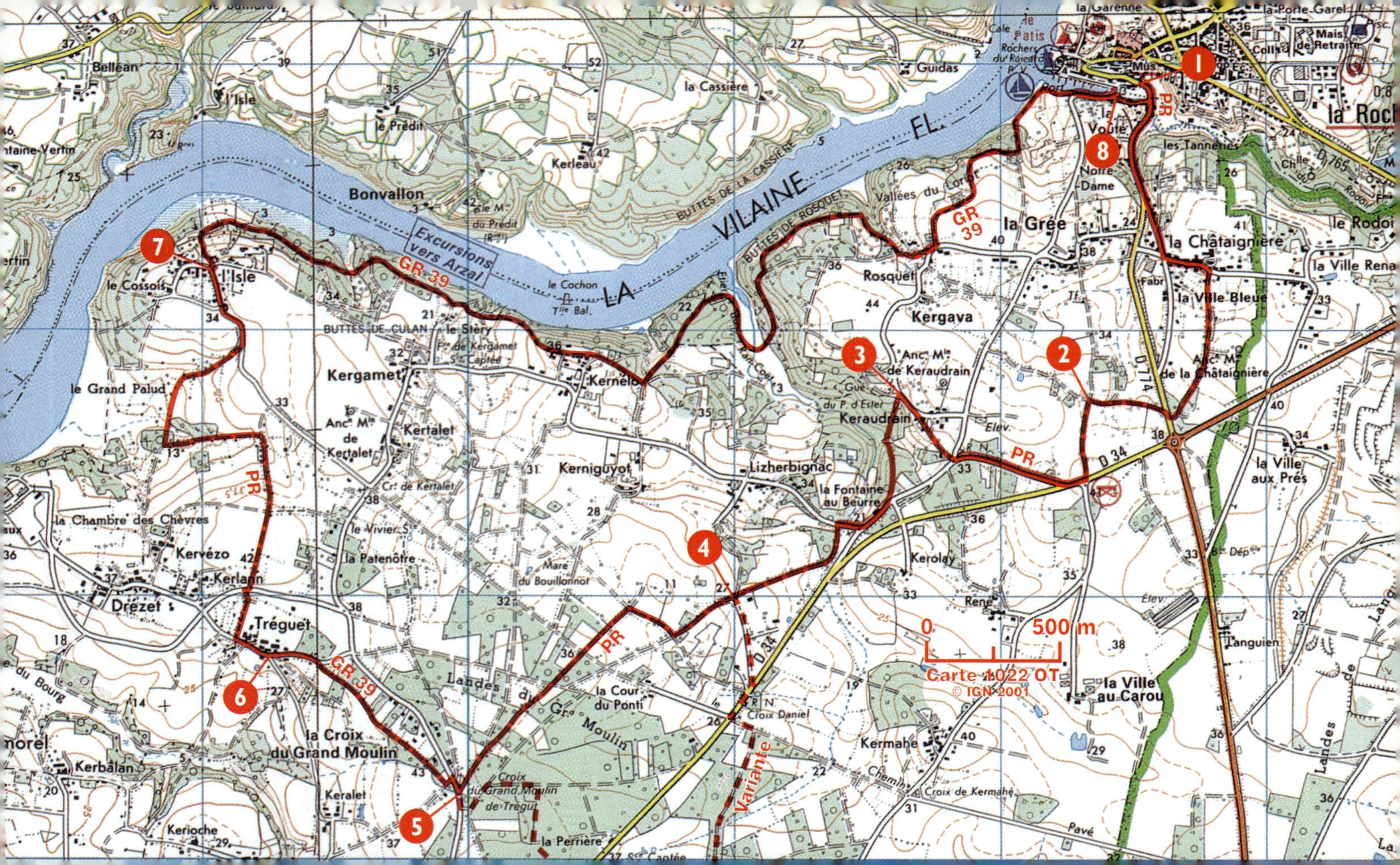

LA VILAINE
FL.
Excursions vers Arzal
GR 39
PR
Variante
0
500 m
Carte 1022 OT
© IGN 2001
la Roche
la Châtaignière
la Ville Bleue
la Grée
Kergava
Rosquet
Notre-Dame
Keraudrain
Lizherbignac
la Fontaine au Beurre
Kerniguyot
Kernelo
Kergamet
Kertalet
Bonvallon
l'Isle
le Cossois
le Grand Palud
la Chambre des Chèvres
Kervézo
Kerlann
Drezet
Tréguet
la Croix du Grand Moulin
Landes du Gd Moulin
la Cour du Ponti
Croix Daniel
Kermahé
la Ville au Carou
la Ville aux Prés
Tanguien
la Cassière
Kerleau
le Prédit
Guidas
Belléan
la Perrière
Keralet
Kerioche
Kerbalan
Kerolay
René
Croix de Kermahé
la Ville Rena
les Tanneries
Vallées du Lorot
Buttes de la Cassière
Buttes de Rosquet
Buttes de Culan
D 34
D 774
D 765
1
2
3
4
5
6
7
8

Les **buttes** de **Vilaine**

PR 24
MOYEN
3H25 • 13,5KM

De tout temps, on a navigué sur la Vilaine. Dès le XVIe siècle, comme en témoignent de précieuses enluminures conservées à la Bibliothèque nationale, le fleuve est dompté et doté d'un système d'écluses.

❶ Emprunter la D 774 vers le Sud sur 400 m, puis bifurquer à gauche et gagner La Châtaignière. Au croisement, prendre la route à gauche sur 250 m, puis le chemin de terre à droite. Traverser la D 774 et suivre le chemin qui part à droite.

❷ Au croisement des chemins, tourner à gauche. Suivre la D 34 à droite, bifurquer sur la route à droite et, au carrefour, prendre le chemin en face pour gagner Keraudrain.

❸ Par le sentier le plus à gauche, franchir le vallon et atteindre La Fontaine-au-Beurre. Au carrefour, prendre la route à droite puis le chemin à gauche. Arriver à une intersection.

> **Variante** *(circuit de 14,5 km)* : tourner à gauche, prendre la D 34 à gauche jusqu'à la croix Daniel, virer à gauche, puis s'engager sur le chemin à droite ; à la croisée, se diriger à droite, traverser la D 34, prendre en face, aller à gauche et gagner la croix du Grand-Moulin-de-Trégut.

❹ Continuer, prendre le chemin à droite, tourner à gauche et poursuivre jusqu'à la croix du Grand-Moulin-de-Trégut.

❺ Prendre la route à droite sur 100 m, puis bifurquer sur le chemin à gauche. Continuer par la route.

❻ Traverser Trégut. A la sortie du hameau, partir à droite. Couper la route et poursuivre en face. Descendre par le chemin creux à gauche. Au bout, tourner à droite, remonter, emprunter la route à gauche et arriver à L'Isle.

❼ Au croisement, prendre le large chemin qui descend vers la Vilaine, sur 300 m. Continuer par le petit chemin en face. Il surplombe le fleuve. Passer Le Stery, Kernélo et contourner l'étier du Rah-Coët par la droite. Franchir la passerelle et remonter vers les buttes de Rosquet dans le bois. Traverser Rosquet. Redescendre à gauche vers la Vilaine et longer le port *(vue sur le pont de La Roche-Bernard).*

❽ Partir à droite, prendre la D 774 à gauche et rejoindre le parking.

S SITUATION
hameau de La Voûte (commune de Férel), à la sortie Sud de La Roche-Bernard par la D 774

P PARKING
dans le hameau

/ DÉNIVELÉE
altitude mini et maxi, dénivelée cumulée à la montée
43 m
3 m — 220 m

B BALISAGE
1 à 5 > jaune
5 à 6 > blanc-rouge
6 à 7 > jaune
7 à 8 > blanc-rouge
8 à 1 > jaune

! DIFFICULTÉS !
parcours sur la D 774 entre **1** et **2** puis entre **8** et **1** et sur la D 34 entre **2** et **3**

À DÉCOUVRIR...

> **En chemin :**
• croix du Grand-Moulin-de-Trégut • berges de la Vilaine • buttes de Rosquet • pont suspendu de La Roche-Bernard

> **Dans la région :**
• La Roche-Bernard : musée de la Vilaine maritime, port •Férel : barrage d'Arzal-Camoël • Pénestin : maison de la mytiliculture, pointe du Halguen

Les buttes de Vilaine

ÉCONOMIE
LE BARRAGE D'ARZAL RÉGULE LA VILAINE

En 1961, le ministère de l'Agriculture inscrit dans ses priorités la maîtrise des eaux de la Vilaine afin d'enrayer les inondations hivernales qui atteignent régulièrement Redon et le bassin en amont. L'institut interdépartemental de l'aménagement de la Vilaine est alors créé et avec lui, le barrage d'Arzal, conçu pour réguler les caprices du fleuve. L'ouvrage, long de 150 mètres, coupe la Vilaine ; la masse de terre s'appuie d'un côté sur les roches de Camoël et de l'autre sur l'écluse et le système de vannage. La retenue permet d'alimenter en eau potable les presqu'îles de Rhuys et de Guérande. Depuis 1996, une échelle favorise la remontée des poissons et autres anguilles. Seuls quelques professionnels sont autorisés à pêcher la civelle.

L'écluse rend possible le passage des bateaux de la Vilaine maritime à la Vilaine fluviale sans que la salinité ne se répande en amont. Un port de plaisance où s'abritent des centaines de bateaux a été aménagé. De nombreux chantiers maritimes côtoient restaurants et camps de loisirs.

PRÈS DU BARRAGE D'ARZAL / PHOTO Y.B.

L'ÎLE AUX MOINES / PHOTO Y.B.

PR 24

PATRIMOINE
Balade le long des îles du golfe

Les habitants du golfe se sont forgés une solide réputation de marins, entraînés à faire face aux violents courants et excès de la marée. Quelques sinagots, embarcations à voilure carrée rouge, sillonnent encore les eaux tumultueuses de la petite mer. Des milliers d'oiseaux migrateurs ont colonisé les marais de Falguérec. L'Ile aux Moines (« Izenah » en breton), longue de 6 km, vit aujourd'hui du tourisme et de l'ostréiculture. L'Ile d'Arz, dont les anciennes maisons du XVIIe siècle de capitaines au long cours parsèment la côte, abrite plusieurs écoles de voile. A l'Ile Illur, le pardon de la chapelle Notre-Dame-de-Lourdes, attire, fin juillet, de nombreux pèlerins venus en bateaux décorés de rubans. L'Ile de Gavrinis abrite un cairn vieux de 5 000 ans, aux dalles ornées de sculptures, chef-d'œuvre de l'art mégalithique. Non loin, trône l'Ile Berder, que l'on peut atteindre à marée basse depuis Larmor-Baden. Sur l'Ilot d'Er Lannic, un double cromlech, en partie submergé, témoigne de la variation du niveau de la mer à travers les siècles.

AIGRETTE GARZETTE
PHOTO D.L.

RÉGATES DANS LE GOLFE DU MORBIHAN / PHOTO Y.B.

• 79

PATRIMOINE
L'ABBAYE DES PRIÈRES ET SES VIGNES

Ornées d'un losange et d'une hermine, quatre bornes en granit marquent les limites des terres de l'abbaye et ses vignes en Billiers. Les bâtiments ont été fondés en 1252 grâce aux dons de Jean 1er, duc de Bretagne. Le monastère prospère, comptant jusqu'à soixante moines cisterciens. Les bâtiments, détériorés à la Révolution, abritent aujourd'hui un centre de réadaptation sociale. Exposés au Sud, les coteaux du Moustoir, Kerantré, Coëtsurho étaient occupés par des vignes jusqu'au milieu du XXe siècle. De nombreuses familles d'agriculteurs des villages voisins, des habitants des bourgs ou de la presqu'île de Rhuys, possédaient un à deux rangs de vigne pour leur consommation. Les ceps ont été détruits à la fin du XIXe siècle par le phylloxéra.

BORNE DE PRIÈRE
PHOTO V.B.

80 • LE MORBIHAN... À PIED

Les **vignes** et **bornes** de **prières**

PR 25

FACILE

3H • 10KM

S SITUATION
Muzillac, à 25 km au Sud-Est de Vannes par la N 165

P PARKING
chapelle de Trégréhen, à 2 km au Sud-Est du bourg

/ DÉNIVELÉE
altitude mini et maxi, dénivelée cumulée à la montée

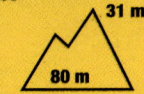

31 m
5 m
80 m

B BALISAGE
jaune

Bon nombre d'édifices religieux sont marqués du passage des Templiers et des Hospitaliers de Saint-Jean. Quelques-uns se trouvent d'ailleurs sur la route des pèlerins de Saint-Jacques-de-Compostelle.

FEUILLE DE VIGNE
DESSIN N.L.

❶ Quitter le hameau par la route au Sud. Bifurquer à droite puis à gauche et arriver à un embranchement *(à droite, à quelques mètres, borne de prière)*.

❷ Laisser le chemin de retour à droite et continuer tout droit par le chemin. Longer un bois et poursuivre par la petite route sur 200 m *(borne de prière à droite)*. Au carrefour, se diriger à droite et traverser Kerantreh. Descendre par le chemin creux et se rendre par la route à gauche sur les bords de la Vilaine *(autrefois, des vignes étaient exploitées dans ce secteur ; vers la fin du XIXe siècle, les ceps des coteaux de Vilaine ont été détruits par le phylloxéra)*.

❸ Tourner à droite et utiliser le sentier côtier jusqu'à Port-Nart *(vue sur la Vilaine ; possibilité d'observer les oiseaux de l'estuaire)*.

❹ Obliquer à droite et, au croisement, prendre le chemin à droite.

❺ Emprunter la route à droite. Au carrefour, se diriger à gauche sur 50 m, puis suivre la route à droite. Couper la voie communale, continuer par le chemin en face *(borne de prière)* et retrouver l'intersection de l'aller.

❷ Tourner à gauche et rejoindre Trégréhen.

À DÉCOUVRIR...

> **En chemin :**
• Trégréhen : chapelle Notre-Dame-de-Toute-Aide • bornes de prière
• vue sur l'estuaire de la Vilaine

> **Dans la région**
• Muzillac : moulin à eau et étang de Pen-Mur
• Billiers : abbaye cistercienne de Prières, dolmen du Crapaud, pointe de Pen-Lan
• Le Guerno : parc zoologique de Branféré, bourg, église Notre-Dame XVIe
• Damgan : port de Pénerf

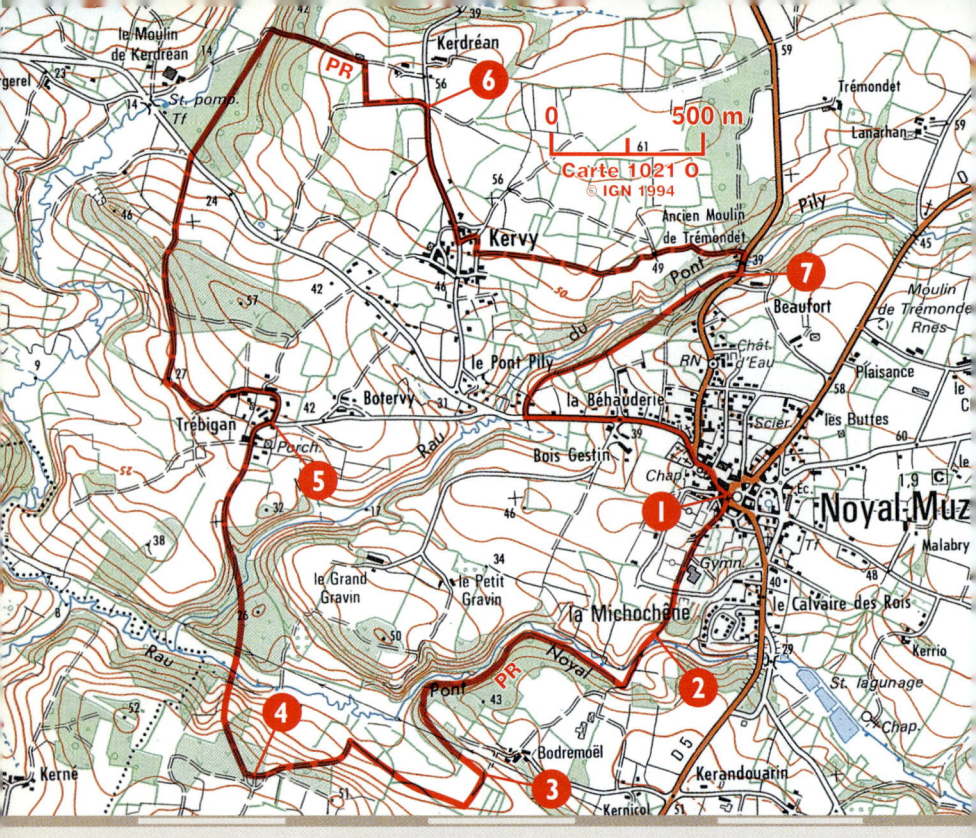

ÉCONOMIE
Du papier au moulin de Pen Mur

L'étang de Pen Mur, paradis des pêcheurs, est un réservoir privilégié. Sa cascade actionne la roue à aubes du moulin où l'on fabrique toujours du papier à partir de vieux chiffons selon la tradition du XVIIIe siècle. Le processus est reconstitué avec des appareils d'époque dans le respect des techniques d'origine. Dans le dérompoir, le chiffon est trié et découpé en petits morceaux. Actionnée par la roue hydraulique, la pile à maillets écrase et défibre le tissu. Dans la cuve à ouvrer, les feuilles de papier apparaissent sur la forme, tamis fixé à un cadre de bois. Sous les presses, elles sont essorées avant d'être mises à sécher au dernier étage du moulin puis passées au calandrage, laminoir qui donne au papier son aspect satiné.

MOULIN ET ÉTANG DE PEN MUR / PHOTO F.L.D.

82 • LE MORBIHAN... À PIED

Circuit des moulins

PR 26
FACILE
3H • 9,5KM

La vie s'égrène au rythme des moulins, autrefois propriété des seigneurs. La roue actionne la meule qui transforme le grain en farine. Celle de Trémondet était aussi utilisée pour traiter le chanvre.

❶ Tourner le dos à la mairie. A la pharmacie, se diriger à gauche, puis à droite vers le parcours botanique de Michochêne. Traverser un parking et longer le terrain de football. Emprunter la route à droite sur quelques mètres, puis s'engager à gauche sur le sentier qui descend en sous-bois. Passer à droite de l'étang.

❷ A l'intersection, tourner à gauche et franchir le pont. Au croisement, virer à droite et passer le rocher de la Gravelle *(table de lecture sur l'histoire du rocher de la Gravelle)*. Laisser un étang à droite.

❸ À la barrière en bois, tourner à droite puis une nouvelle fois à droite. Monter par le chemin à gauche.

❹ A la croisée, laisser le sentier à gauche et descendre par le chemin de terre à droite. Dans la vallée, franchir le ruisseau du Pont-Noyal sur le pont de pierres. Couper un chemin transversal, passer le pont de bois et atteindre Trébigan.

❺ Au carrefour, prendre la route à gauche et, dans le virage, poursuivre par le chemin de terre. A l'intersection, se diriger à droite, puis couper la route et continuer par le sentier en face, en sous-bois. Aller tout droit, gravir le raidillon à droite et emprunter le chemin transversal à gauche. Contourner une sapinière.

❻ Prendre la route à droite. A la première habitation de Kervy, partir à gauche. Couper un chemin transversal et continuer en face. Emprunter la D 5 à droite, passer l'ancien moulin de Trémondet et franchir le pont.

ASPHODÈLE / DESSIN N.L.

❼ Bifurquer à droite vers Pont-Pily. Après le groupe de maisons, prendre la route à gauche. Elle ramène au bourg.

S SITUATION
Noyal-Muzillac, à 30 km à l'Est de Vannes par les N 165 et D 5

P PARKING
mairie

/ DÉNIVELÉE
altitude mini et maxi, dénivelée cumulée à la montée

55 m
15 m / 200 m

B BALISAGE
jaune

! DIFFICULTÉS !
parcours sur la D 5 entre 6 et 7

À DÉCOUVRIR...

> En chemin :
• Noyal-Muzillac : bourg classé au patrimoine rural de Bretagne
• parcours botanique de la Michochêne
• ruisseau du Pont-Noyal

> Dans la région :
• Le Guerno : parc animalier et botanique de Branféré • Billiers : abbaye cistercienne, dolmen du Crapaud, pointe de Pen-Lan
• Questembert : halles XVIIe, chapelles et fontaines
• Rochefort-en-Terre : commune classée « petite cité de caractère »

• 83

ÉCONOMIE
ARDOISIÈRES DE ROCHEFORT-EN-TERRE

Bientôt, le chaume disparaît et l'utilisation du schiste ardoisier en toiture donne naissance à de nombreuses carrières locales sur la crête de Rochefort-en-Terre, Pluherlin, Malansac, Saint-Jacut-les-Pins, les Fougerêts. Les blocs d'ardoise sont désolidarisés du massif à l'aide de coins enfoncés à la masse, avant d'être débités puis remontés vers la surface dans des bassicots où des ouvriers se chargent alors de les détailler selon les besoins. Les tailleurs de schiste, nommés pierreurs, délitent les ardoises en utilisant soigneusement toutes les chutes. L'activité traditionnelle, mentionnée dans des écrits du milieu du XVIe siècle, disparaîtra au lendemain de la seconde guerre mondiale, victime de la concurrence des ardoises d'Angers.

ANCIENNES ARDOISIÈRES / PHOTO J.C.

84 • LE MORBIHAN… À PIED

Le tour de Rochefort-en-Terre

PR 27

TRÈS FACILE

2H •6KM

Rochefort-en-terre, petite cité de caractère, domine la vallée depuis une crête rocheuse et un piton escarpé. Ni lignes électriques, ni panneaux publicitaires ne viennent enlaidir ce charme médiéval.

❶ Partir en direction du bourg. Prendre à droite la D 774 vers Saint-Gravé.

❷ Descendre vers le vieux bourg.

❸ Prendre la route à gauche. Elle se transforme en chemin puis passe en sous-bois. Longer un étang et déboucher sur une route.

❹ La suivre à gauche sur 100 m.

❺ Monter par le chemin à droite. Traverser la D 777 et continuer en face. Couper la route et poursuivre vers le moulin de Bogeais. Pénétrer dans le bois et descendre tout droit jusqu'à l'étang du Moulin-Neuf.

❻ Tourner à gauche, franchir le pont de bois, longer la berge de l'étang et gravir l'escalier de pierre à gauche. Emprunter la D 774, puis la route qui monte à gauche en direction du parc de la Préhistoire. A l'intersection, prendre la route à gauche vers Rochefort-en-Terre. Passer le manoir de Saint-Fiacre puis Beauvais.

❼ Continuer par le sentier en face. Il se faufile entre des habitations. A la sortie du bois, tourner à gauche. Emprunter la route à gauche sur 100 m et, à la croix de pierre, bifurquer à gauche. Passer la chapelle Saint-Michel et revenir au parking *(la chapelle Saint-Michel remonte aux premiers comtes de Rochefort, vers le Xe siècle ; la cloche date de 1670).*

EUPHORBE DES BOIS / DESSIN N.L.

S SITUATION
Rochefort-en-Terre, à 30 km à l'Est de Vannes par les N 166, D 775 et D 777

P PARKING
place Saint-Michel

DÉNIVELÉE
altitude mini et maxi, dénivelée cumulée à la montée

79 m
23 m / 120 m

B BALISAGE
1 à 2 > bleu
2 à 3 > blanc-rouge
3 à 4 > bleu
4 à 5 > blanc-rouge
5 à 1 > bleu

! DIFFICULTÉS !
parcours sur la D 774 entre **1** et **3** puis entre **6** et **7**

À DÉCOUVRIR...

> **En chemin :**
- bourg classé « petite cité de caractère »
- étang du Moulin-Neuf
- manoir de Saint-Fiacre
- chapelle Saint-Michel

> **Dans la région :**
- Malansac : parc de la Préhistoire de Bretagne, lac bleu des Ardoisières
- Caden : châteaux de la Beraie XVIe et de Bodélio
- Malestroit : maison de l'eau et de la pêche
- Saint-Vincent-sur-Oust : site classé de l'Ile-aux-Pies

• 85

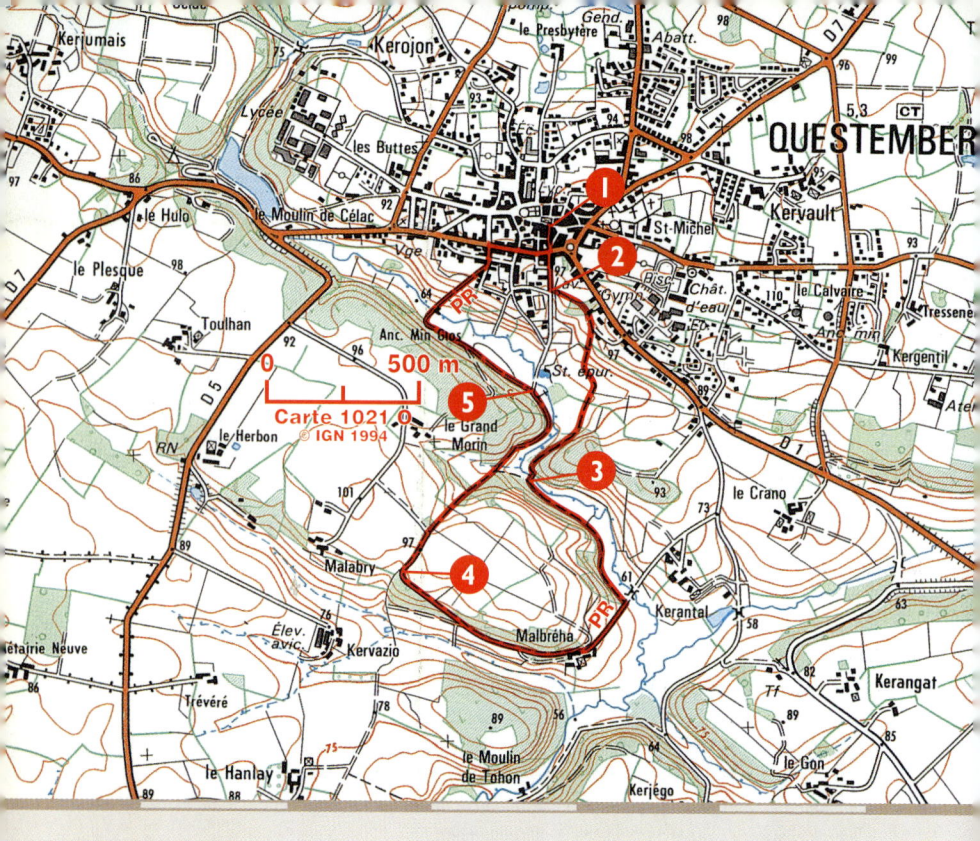

GASTRONOMIE
Restaurateurs conquis par la châtaigne

Longtemps délaissée, la châtaigne retrouve aujourd'hui ses lettres de noblesse. Certaines variétés de châtaigniers donnent un fruit entier, sans cloisons intérieures, nommé marron. Bon nombre de restaurateurs lui font la part belle pour accompagner les trésors de leur carte. Les innovations fleurissent : terrine de volaille aux marrons, gâteaux à base de farine de châtaignes, marrons glacés ou confits pour relever le goût d'un suprême de pintade… Il faut, pour cuisiner, choisir un fruit très frais, séché à l'air libre. Le marron est un fruit de conservation délicate. Les spécialistes optent pour la surgélation estimant que la stérilisation enlève le goût et le corps du fruit. Depuis plusieurs années, des châtaigneraies ont été à nouveau implantées.

PHOTO PH.D.

La **vallée** de **Tohon**

PR 28
TRÈS FACILE
1H40 • 5KM

La vallée est le paradis des pêcheurs. Truites, gardons, brochets, perches et autres goujons se développent à loisir dans le Tohon, le Kervily, le Trévélo ou l'Arz, tous classés en première catégorie.

1 Du parking, se diriger vers la ruelle qui mène au lavoir, traverser la route de Péaule et poursuivre en face.

2 S'engager à gauche sur le sentier qui longe le mur. A l'intersection, bifurquer à droite et franchir la passerelle qui enjambe le ruisseau du Tohon. Continuer en face.

3 Tourner à gauche et longer le vallon. Monter par la route à droite vers Malbréha. Continuer par le chemin d'exploitation à droite et poursuivre droit devant à travers bois.

4 Le chemin vire à droite, traverse le plateau et descend. En bas, tourner à gauche devant l'arbre à trois troncs et franchir la passerelle.

5 Après la croix de pierre, laisser le chemin à droite pour continuer tout droit. Monter à gauche de la grille, poursuivre sur 400 m, puis descendre l'escalier. Se diriger à droite vers une seconde grille et prendre le large chemin à gauche. Il passe devant le moulin Glos et remonte dans le bourg. Virer à droite, puis tourner à gauche pour retrouver le parking.

HÉRISSON / DESSIN P.R.

SITUATION
Questembert, à 25 km à l'Est de Vannes par les N 166, D 775 et D 5

PARKING
place de la Mairie

DÉNIVELÉE
altitude mini et maxi, dénivelée cumulée à la montée
97 m
61 m — 70 m

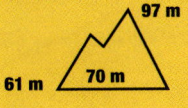

BALISAGE
jaune

DIFFICULTÉS !
passage humide entre 3 et 4

À DÉCOUVRIR...

En chemin :
- vallée du Tohon
- arbre à trois troncs
- Questembert : halles XVIIe, chapelles et fontaines

Dans la région :
- Rochefort-en-Terre : commune classée « petite cité de caractère » • Elven : forteresse médiévale de Largoët, église, chapelles
- Noyal-Muzillac : parcours botanique de la Michochêne
- Tréffléan : église Notre-Dame-de-Bon-Secours XVIe (fresques XVe)

• 87

PATRIMOINE
LE GORVELLO SUR THEIX ET SULNIAC

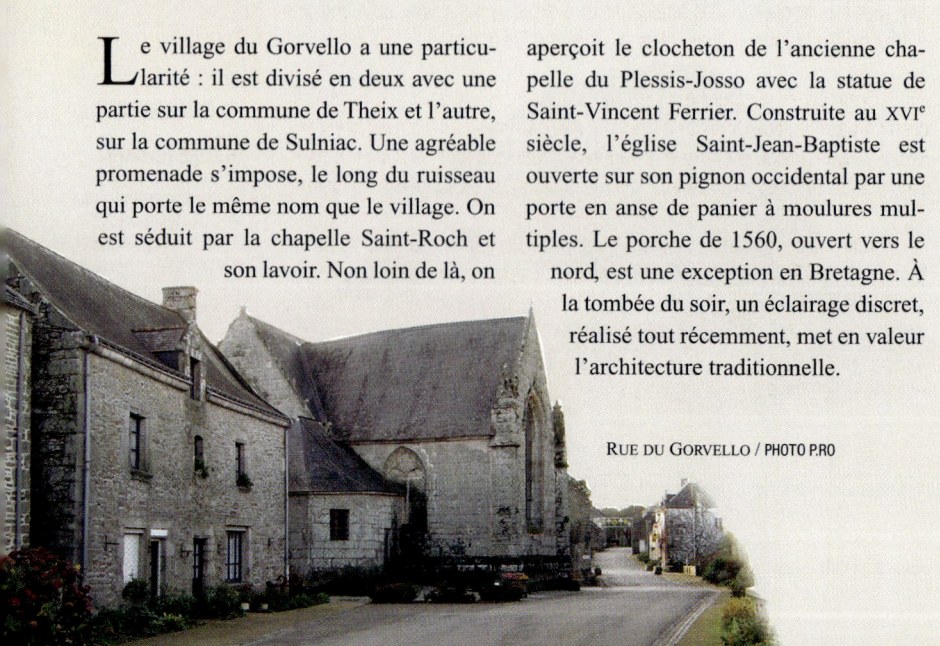

Le village du Gorvello a une particularité : il est divisé en deux avec une partie sur la commune de Theix et l'autre, sur la commune de Sulniac. Une agréable promenade s'impose, le long du ruisseau qui porte le même nom que le village. On est séduit par la chapelle Saint-Roch et son lavoir. Non loin de là, on aperçoit le clocheton de l'ancienne chapelle du Plessis-Josso avec la statue de Saint-Vincent Ferrier. Construite au XVIe siècle, l'église Saint-Jean-Baptiste est ouverte sur son pignon occidental par une porte en anse de panier à moulures multiples. Le porche de 1560, ouvert vers le nord, est une exception en Bretagne. À la tombée du soir, un éclairage discret, réalisé tout récemment, met en valeur l'architecture traditionnelle.

RUE DU GORVELLO / PHOTO P.RO

Les vieux villages de Sulniac

PR 29

DIFFICILE
5H • 20KM

En 1790, Sulniac a été privée d'une grande partie de son territoire qui a formé alors Treffléan et La Vraie-Croix. C'est de là qu'est parti, en 1791, un important cortège constitué de 1500 paysans en colère.

❶ Partir à gauche de la mairie. Se diriger au Sud pour traverser les lotissements.

❷ Au bout des lotissements, s'engager sur le chemin à droite. Couper la route et aller en face. Prendre la D 183 à gauche sur 20 m et partir à droite vers Les Vallons. Poursuivre par l'allée des Fougères, descendre à gauche vers le bois, puis emprunter le sentier à droite. Bifurquer à gauche, puis descendre par le chemin à gauche vers la prairie. A la deuxième brèche à droite, passer par le sous-bois.

❸ Grimper à gauche. Continuer en face et gagner les maisons en contournant le champ par la gauche. Dans le hameau, tourner à droite puis à gauche et poursuivre par le chemin creux. Aller à droite, contourner le bois par la droite et monter à gauche. Emprunter l'allée qui mène à Lostihuel. Descendre à gauche, couper la D 183 et prendre le sentier conduisant au hameau. Se diriger à gauche puis à droite. S'engager sur le deuxième chemin à droite. Couper une voie et continuer en face par l'allée forestière qui mène à La Salle. Prendre la route à gauche et, à la bifurcation routière, le chemin à droite. Tourner à droite, poursuivre, puis obliquer à gauche. Traverser un bois, puis se rendre à Tréguern.

❹ Contourner la retenue d'eau par la droite. S'engager sur le chemin creux à gauche, puis tourner à gauche. Aller à droite. Emprunter la route à droite. A Bel-Orient, prendre le chemin à gauche, longer un talus, puis se diriger vers un bosquet. Atteindre la chapelle Sainte-Marguerite à droite.

❺ Tourner à gauche. Franchir le vallon, puis grimper au Mont. Suivre la route à droite. Virer à gauche et passer en sous-bois. Prendre la D 104 à gauche, puis la route des Ferrières à droite. Obliquer à gauche dans le bois, longer le plan d'eau et emprunter la route à gauche. Contourner la maison par la droite. S'engager sur le sentier à gauche et gagner Kernez. Parcourir la D 104 à droite sur 150 m.

❻ Partir à gauche. Après le point d'eau, prendre le chemin creux à droite. En lisière du bois, aller à gauche, virer à droite et continuer tout droit. Traverser la route, la longer à droite sur 250 m, puis s'engager dans une brèche à gauche. Contourner un champ et continuer par le chemin. Aller à droite, puis à gauche et revenir à l'église.

S SITUATION
Sulniac, à 15 km à l'Est de Vannes par les N 166, D 775 et D 183

P PARKING
église

/ DÉNIVELÉE
altitude mini et maxi, dénivelée cumulée à la montée

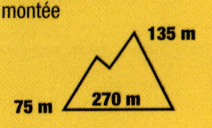

135 m
75 m — 270 m

B BALISAGE
figurine verte

! DIFFICULTÉS !
• traversée de la D 183 entre **3** et **4**
• parcours sur la D 104 entre **5** et **6**

À DÉCOUVRIR...

> En chemin :
• Tréguern : moulin
• Sainte-Marguerite : fontaine et chapelle
• Le Mont : four à pain
• Les Ferrières : château

> Dans la région :
• Elven : forteresse médiévale de Largoët, église, chapelles
• Theix : château du Plessis-Josso, chapelle Notre-Dame-la-Blanche
• Le Hézo : musée du Cidre et du Terroir
• La Vraie-Croix : chapelle

• 89

PATRIMOINE
Trésor de l'abbaye de Saint-Gildas

Le monastère, fondé en 560 par saint Gildas, est ravagé au Xe siècle par les Vikings avant d'être relevé un siècle plus tard par le moine Félix, ermite à Ouessant. En 1125, le philosophe et théologien Abélard est nommé abbé pour rétablir l'ordre au sein de l'abbaye. En 1649, les Bénédictins la prennent en charge. Elle est progressivement abandonnée puis supprimée en 1772. Le monastère est reconstruit au XVIIIe siècle avant de devenir propriété des Sœurs de la charité Saint-Louis. Durant la Révolution, le trésor, constitué d'œuvres du XIVe au XVIIIe siècle, est caché dans les greniers des maisons environnantes : calice en or, reliquaires contenant les ossements de Saint-Gildas, châsse en bois du XIVe siècle recouverte de feuilles de cuivre.

ABBAYE DE SAINT-GILDAS / PHOTO Y.B.

90 • LE MORBIHAN... À PIED

La **Pointe** du **Grand-Mont**

PR® **30**

FACILE

2H50 • 8,5KM

Belle et cruelle à la fois, la mer fascine. Au Grand Mont, d'où l'on découvre la côte et les îles, une croix a été édifiée en hommage aux marins disparus en mer. Chaque année un pèlerinage y est organisé.

CRISTE MARINE
DESSIN N.L.

❶ Quitter la place par le chemin des Dames *(à droite du cimetière, portail, vestige de l'église Saint-Goustan XIe)*. Au bout, tourner à gauche, puis à droite. Emprunter le chemin du Petit-Pont, le chemin du Clos-Castel puis le chemin de Sav-Héol. A La Grande Vigne traverser la route de Roh-Vras et suivre à gauche le chemin de Poul-Mare.

❷ Au croisement des quatre chemins de terre, prendre à droite le chemin de Kerbistoul afin d'atteindre Le Cossay *(fontaine)*. Traverser la rue, emprunter le chemin de la Grande-Vigne *(fontaine)*, puis le chemin du Ligno à gauche. Il mène à la plage de Saint-Jacques.

❸ S'engager sur le sentier côtier à droite *(menhir de la Pierre Jaune)*. Le cheminement se fait à deux reprises par le haut de la plage.

❹ Après le petit Port aux Moines, niché derrière ses digues, passer le menhir de Saint-Gildas. Longer la plage de Port-Maria sur 50 m à gauche, poursuivre par le sentier côtier et arriver à la pointe du Grand-Mont *(au pied, grotte et fontaine ; au sommet, croix et table d'orientation ; panorama sur la côte et les îles)*. Contourner le sémaphore.

❺ Prendre la rue du Grand-Mont à droite, la route à gauche et regagner l'abbatiale.

POINTE DU GRAND MONT / PHOTO Y.B.

SITUATION
Saint-Gildas-de-Rhuys, à 30 km au Sud de Vannes par les N 165, D 780 et D 198

PARKING
abbatiale, place Monseigneur-Ropert

DÉNIVELÉE
altitude mini et maxi, dénivelée cumulée à la montée

36 m
5 m / 60 m

BALISAGE
1 à 3 > fléchage
3 à 5 > blanc-rouge
5 à 1 > fléchage

DIFFICULTÉS !
• passage humide entre 1 et 2

À DÉCOUVRIR...

> **En chemin :**
• menhir de la Pierre Jaune • menhir de Saint-Gildas
• pointe du Grand Mont (grotte, fontaine, croix, table d'orientation)
• panorama

> **Dans la région :**
• Sarzeau : château de Suscinio, marais du Duer, tumulus de Tumiac
• Saint-Armel : île Tascon, anciens marais salants de Lasné
• Arzon : moulin de Pen-Castel, butte de César, cairn du Petit-Mont
• Le Hézo : musée du Cidre et du Terroir

• 91

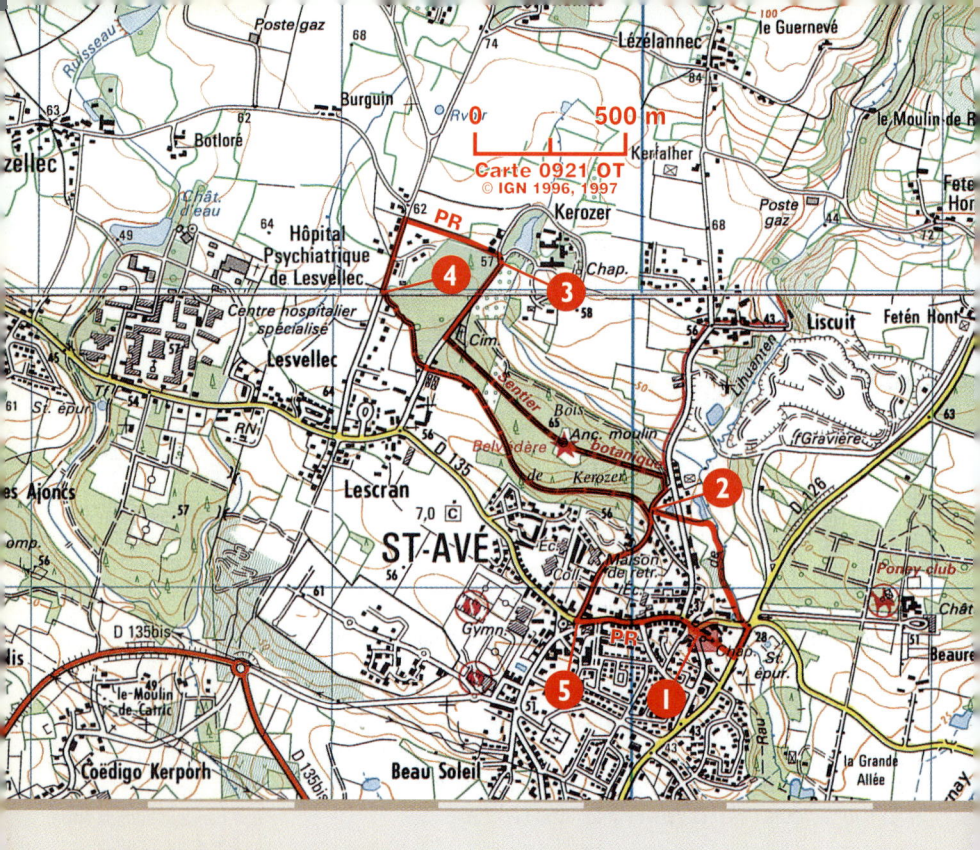

FAUNE ET FLORE
ESSENCES RARES AU BOIS DE KEROZER

Le bois de Kerozer, propriété de la commune, s'étend sur vingt-cinq hectares. En son sein, trône un château qui, entre le XVIe et le XIXe siècle, a subi bon nombre de transformations. Les Clérigo en sont propriétaires jusqu'en 1515, puis les La Bourdonnaye de 1515 à 1753, les Kermoysan, la baronne de l'Epée et, plus récemment, la communauté des Frères des écoles chrétiennes. Un de ses propriétaires, grand voyageur, a ramené de ses déplacements, graines et autres plants qui, depuis lors, ont grandi et produit ce parc si particulier aux abords de la ville. On y découvre chêne pédonculé, chêne vert et chêne-liège, hêtre commun pourpre, arbousier, sapin de Céphalonie, pin de Monterey, pin sylvestre et pin noir d'Autriche.

BOIS DE KEROZER / PHOTO T. L.B.

Le **bois** de **Kérozer** à **Saint-Avé**

PR® **31**

TRÈS FACILE

1H40 • 5KM

Plus d'une quinzaine de châteaux se trouvaient autrefois à Saint-Avé. Celui de Kerozer a appartenu à un grand voyageur ; le parc est riche aujourd'hui des précieuses essences qu'il a rapportées.

BOUVREUIL PIVOINE/ DESSIN P.R.

S SITUATION
Saint-Avé, à 3 km au Nord de Vannes par la D 126

P PARKING
chapelle Notre-Dame-du-Loc

/ DÉNIVELÉE
altitude mini et maxi, dénivelée cumulée à la montée

65 m
28 m / 50 m

B BALISAGE
blanc

❶ Se diriger vers le fond du parking et, près du lavoir, suivre le sentier qui longe le ruisseau de Lihuanten. Traverser la route et continuer en face.

❷ Longer la route à droite et entrer à gauche dans le bois de Kérozer *(où se côtoient de nombreuses espèces arboricoles comme le chêne vert, le chêne liège, le cèdre...)*. Prendre l'allée centrale qui mène au belvédère *(ancien moulin à vent)* et continuer droit devant jusqu'à la sortie du bois. Emprunter la route à droite vers le château de Kérozer.

❸ S'engager sur le sentier à gauche de l'entrée du château, dans la prairie. Au calvaire, aller à gauche et longer la haie jusqu'au chemin des Ecureuils.

❹ Obliquer à gauche et poursuivre par le sentier jusqu'aux deux poteaux. Traverser l'allée du château, continuer en face et côtoyer la lisière du bois.

❷ À la sortie du bois, après la croix, tourner à droite et se diriger vers l'église de Saint-Avé *(sur la route, presbytère et manoir du Kreisker XVIe)*.

❺ Prendre la rue du Général-De-Gaulle à gauche *(à gauche, deux croix jumelles)* et rejoindre la chapelle Notre-Dame-du-Loc *(charpente en forme de carène de navire renversé)*.

À DÉCOUVRIR...

> **En chemin :**
• chapelle Notre-Dame-du-Loc XVe • bois de Kérozer
• belvédère • manoir du Kreisker XVIe

> **Dans la région :**
• Vannes : porte Prison, remparts, quartier Saint-Patern, cathédrale Saint-Pierre, musée des Beaux-Arts La Cohue, port, lavoirs XIXe
• Séné : réserve naturelle des marais
• Theix : château du Plessis-Josso, chapelle Notre-Dame-la-Blanche
• Grand-Champ : bois de Botségalo, fontaine et chapelle Notre-Dame-de-Burgo, moulin et manoir de Kermenguy, manoir de Kerléguen

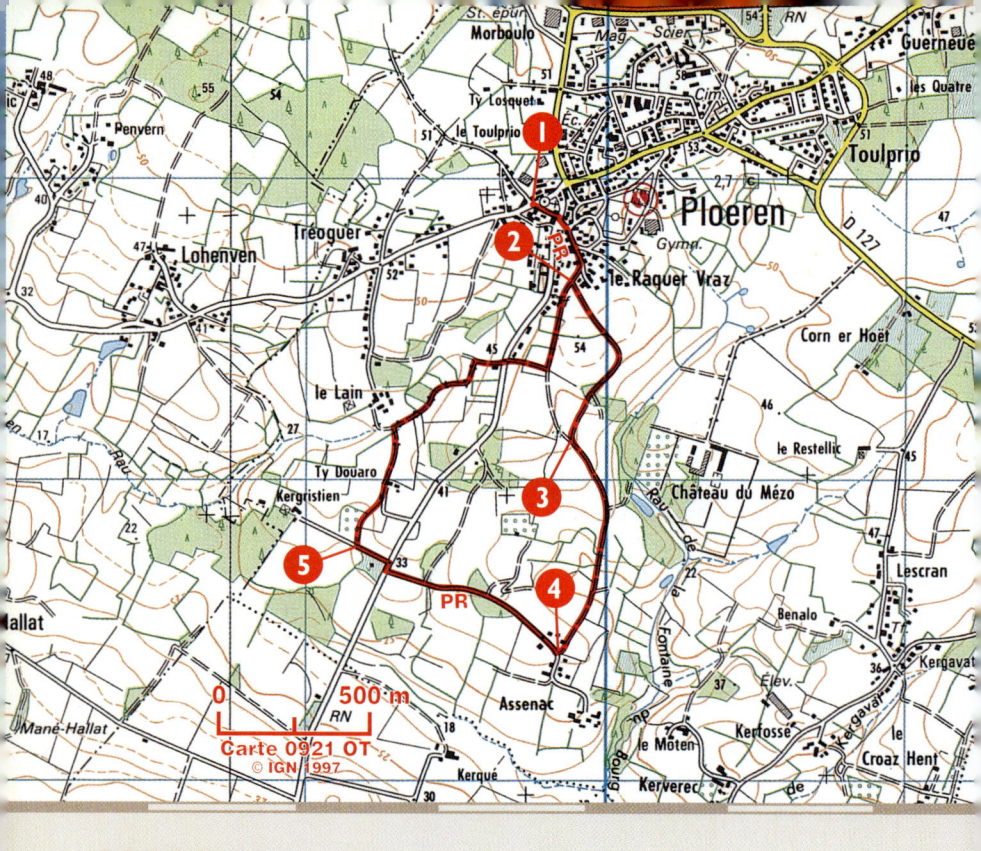

TRADITION
TOPONYMIE ENTRE KER ET PLOU

Les noms comportant la sonorité Plou sont très répandus à l'Ouest de la Bretagne. Certains auteurs y voient la racine latine plebs, appellation bretonne des communautés de fidèles dont bon nombre se greffent sur des territoires déjà organisés. Contrairement aux noms avec Plou, les Gwic et Guic désignent davantage le chef-lieu et non une paroisse primitive. Les noms en Lan désignent un petit établissement religieux ou oratoire. Contemporains des noms en Plou, ils portent souvent le nom du moine ou de l'ermite qui y a séjourné. L'appellation Ker entre dans la composition de nombreux lieux ; elle peut se transformer en Car. Du vieux-breton Caer et du latin castrum, elle désigne d'abord un lieu fortifié, un camp puis, une exploitation, une ville.

UN NOM BIEN BRETON... / PHOTO V.B.

Balade d'Assenac à Ploeren

PR 32

TRÈS FACILE

1H20 • 4KM

Les noms de lieux terminés par ac signifient bien souvent une présence gallo-romaine. C'est le cas au village d'Assénac où tuiles, fragments de mortier de tuileau, tessons de poteries ont été découverts.

❶ Quitter le parking par la rue de l'Eglise *(stèle à la mémoire de Louis Cadoudal, frère de Georges, chef de la Chouannerie bretonne décédé en 1804)* pour gagner la place d'Armor avec son puits central. Emprunter la rue des Ormes à droite et gagner la sortie de l'agglomération.

❷ S'engager sur le chemin boisé à gauche *(au bout, de l'autre côté du ruisseau de la Fontaine-du-Bourg, château du Mézo dont l'origine remonte au XVe)*, poursuivre et atteindre une intersection.

❸ Descendre par le chemin encaissé à gauche pour rejoindre Assenac.

❹ Dans le hameau, suivre la route à droite. Traverser la route de Baden vers la droite et continuer en face vers Kergristien sur 100 m.

❺ Longer le talus à droite pour rejoindre Ty-Douaro. Arriver au ruisseau du Len, puis tourner à droite et prendre le chemin creux. Traverser à nouveau la route de Baden, longer le cimetière et, au carrefour, emprunter le chemin à gauche.

❷ Par l'itinéraire suivi à l'aller, regagner l'église.

VÉRONIQUE PETIT CHÊNE / DESSIN N.L.

FICAIRE / PHOTO P.B.

S SITUATION
Ploeren, à 7 km à l'Ouest de Vannes par la N 165

P PARKING
église

/ DÉNIVELÉE
altitude mini et maxi, dénivelée cumulée à la montée

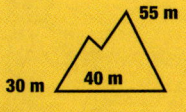

55 m
30 m — 40 m

B BALISAGE
jaune

À DÉCOUVRIR...

> En chemin :
• demeure du château du Mézo

> Dans la région :
• Larmor-Baden : réserve naturelle de Pen-en-Toul, île Berder
• Plougoumelen : chapelle Notre-Dame-de-Béquerel, château de Pontsal • Vannes : porte Prison, remparts, quartier Saint-Patern, cathédrale Saint-Pierre, musée des Beaux-Arts La Cohue, port, lavoirs XIXe
• Le Bono : ponts, tumulus de Kernous, chapelle Sainte-Avoye

PATRIMOINE
LE MANOIR DU SIRE DE KERMENGUY

De style gothique, le manoir de Kermenguy est un bon exemple de résidence seigneuriale de la première moitié du XVe siècle. D'abord habité par le seigneur Jehan de Muzillac, sire de Kermenguy, il devient, en 1520, la propriété de Cyprienne de Rohan. Le manoir passe ensuite, en 1538, aux mains de Jacques de Sémaisons. Au siècle suivant, il devient propriété de la famille de Bréafor puis, en 1705, de la famille de Monty qui le garde jusqu'à la Révolution. Le bâtiment est constitué de trois niveaux desservis par un escalier à vis installé dans une tourelle polygonale. Malgré quelques transformations effectuées au XIXe siècle, ce manoir est certainement l'un de ceux qui, dans la région vannetaise, en a subi le moins.

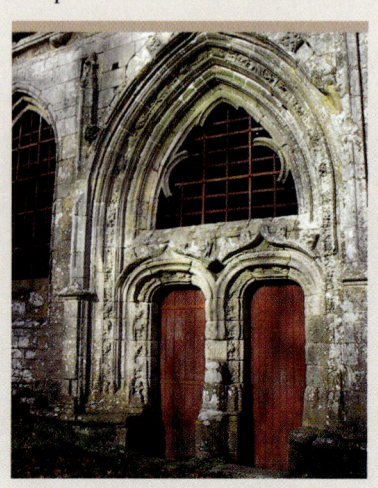

CHAPELLE
NOTRE-DAME-DE-BURGO
PHOTO V.B.

Circuit et Botségalo

La balade dévoile une vue de la verdoyante vallée du Loc'h sur Grand-Champ. Durant des années, non loin du château de Penhoët, les roues à aube des moulins ont martelé l'eau de la petite rivière.

1 Prendre la direction de Vannes, puis la rue de Kercharette à gauche et poursuivre droit devant par le chemin de Coulac sur 1,5 km.

2 À l'intersection, tourner à gauche et longer le domaine militaire. Suivre la limite et descendre dans le vallon du Burgo.

> Possibilité de gagner la chapelle Notre-Dame-de-Burgo à droite, à 300 m.

3 Se diriger à gauche vers Locméren-des-Prés. Passer la fontaine de Burgo et, à la première maison, tourner à droite. Avant Lério, monter à gauche, couper la D 133 et continuer en face sur 500 m. Virer à gauche. Avant le ruisseau, longer le vallon à droite, remonter, puis aller à gauche et gagner Kerhervé.

4 Au carrefour, obliquer à gauche, tourner encore à gauche, puis longer la route à gauche. Partir à droite vers Piriac, passer le moulin, franchir la rivière du Loc'h, contourner Limbloc'h et prendre la route à droite.

5 Partir à gauche et gagner le moulin de Kermenguy. Monter à Motten-Kermenguy. Prendre la route à droite, passer Kermenguy et emprunter la D 150 à droite. Après Botségalo, tourner à gauche vers Godivarh et arriver au croisement de Kerret.

6 Aller à droite vers Kerret *(panorama sur la vallée du Loc'h)*. Monter à droite sur 100 m, tourner à gauche, obliquer à gauche, passer la fontaine puis la chapelle et revenir au croisement de Kerret.

6 Poursuivre droit devant, puis prendre le chemin communal à droite. Au bout, tourner à gauche, couper la route et continuer par le chemin en face jusqu'à Kerrio. Dans le hameau, bifurquer à droite et emprunter la D 179 à gauche. Passer le pont de la Chênaie.

7 S'engager sur le chemin à gauche. Il rejoint le château de Penhoët. Longer le mur d'enceinte du château, quitter le domaine et suivre l'allée bordée de hêtres qui ramène au bourg.

PR® 33

DIFFICILE

5H15 • 21KM

S SITUATION
Grand-Champ, à 15 km au Nord de Vannes par la D 779

P PARKING
maison du tourisme Ti Kreiz Ker

/ DÉNIVELÉE
altitude mini et maxi, dénivelée cumulée à la montée
130 m
52 m
290 m

B BALISAGE
flèche blanche sur fond vert

! DIFFICULTÉS !
• parcours sur la D 179 avant **7** • zone de chasse à la boucle **6** (se renseigner en mairie)
• terrain militaire entre **2** et **3** (peut être fermé pour cause de manœuvres)

À DÉCOUVRIR...

> **En chemin :**
• chapelle Notre-Dame-de-Burgo XVIe • fontaine Notre-Dame-de-Burgo
• vue sur la vallée du Loc'h • Kermenguy : manoir et moulin
• château de Penhoët

> **Dans la région :**
• Grand-Champ : manoir de Kerléguen
• Brec'h : écomusée de Saint-Dégan
• Saint-Jean-Brévelay : chêne du Pouldu, dolmen de Roh-Koh-Koed
• Bignan : domaine de Kerguéhennec

• 97

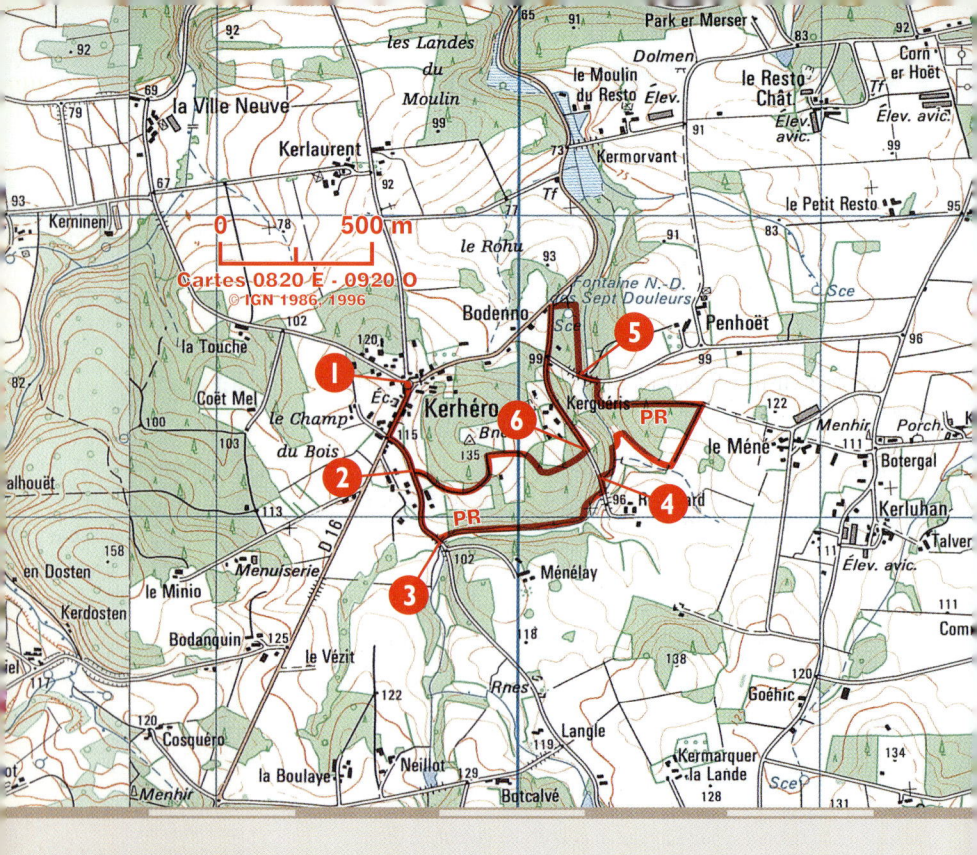

TRADITION
PARDON À NOTRE-DAME-DES-SEPT-DOULEURS

La chapelle Notre-Dame-des-Sept-Douleurs reflète la foi et le dynamisme des habitants des environs. On y découvre les statues de sainte Barbe, saint Cornély, saint Georges et saint Joseph, témoins du culte populaire. Non loin, se niche la fontaine sacrée, parfois nommée fontaine de Bodéno, construite en 1720. Son arcade abrite des niches jumelles, malheureusement privées de leurs statues. Depuis 1896, le grand pardon de Kerhéro rassemble quelque cinq cents pèlerins chaque troisième dimanche de septembre. Plusieurs dizaines de cavaliers, dont les « Randonneurs de Lanvaux », participent à la procession et reçoivent, du haut de leurs montures, la bénédiction du prêtre. Le pardon s'achève par un repas servi à la salle polyvalente de Moustoir-Ac.

EN ROUTE POUR LE PARDON / PHOTO CARTOPOLE

98 • LE MORBIHAN… À PIED

Kerhéro, au fil de l'eau

PR 34
TRÈS FACILE
1H30 • 4,5KM

L'eau, source de vie, sourd à fleur de roche se frayant un chemin entre schiste, grès et granite. Une résurgence est vite transformée en fontaine à laquelle on attribue des pouvoirs divins et curatifs.

❶ Prendre la D 16 en direction de Pluvigner, puis la route à gauche sur 150 m.

❷ Laisser le chemin de retour à gauche, continuer par la route et passer le pont.

❸ Avant le carrefour, s'engager sur le sentier à gauche, à travers bois. Longer le ruisseau par la droite, le franchir par la passerelle, puis emprunter la route à gauche sur 60 m.

❹ Partir à droite. Longer à nouveau le ruisseau, le franchir, puis tourner deux fois à droite. Aller à gauche, remonter, puis descendre par le chemin d'exploitation à gauche jusqu'à Kerguéris. Emprunter la route à gauche sur 60 m.

❺ Se diriger à droite. Longer le ruisseau et monter vers la fontaine de Notre-Dame-des-Sept-Douleurs. Poursuivre, puis emprunter la route à gauche. Laisser une route à gauche, puis dépasser un hameau.

❻ Monter par le sentier à droite, franchir la colline et retrouver l'intersection de l'aller.

❷ Par l'itinéraire utilisé à l'aller, regagner la chapelle de Kerhéro.

S SITUATION
Kerhéro (commune de Moustoir-Ac), à 20 km au Nord de Vannes par les D 767, D 115 et D 16

P PARKING
place de la Chapelle

DÉNIVELÉE
altitude mini et maxi, dénivelée cumulée à la montée

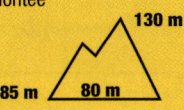

130 m
85 m / 80 m

B BALISAGE
rouge

À DÉCOUVRIR…

> En chemin :
- Kerhéro : chapelle et calvaire • fontaine Notre-Dame-des-Sept-Douleurs

> Dans la région :
- Saint-Jean-Brévelay : dolmen de Roh-Koh-Koed • Grand-Champ : bois de Botségalo, fontaine et chapelle Notre-Dame-de-Burgo, moulin et manoir de Kermenguy, manoir de Kerléguen • Bignan : château et domaine de Kerguéhennec • Colpo : dolmens de Larcuste, château et domaine de Korn-Er-Hoët

AULNE GLUTINEUX / DESSIN N.L.

• 99

PATRIMOINE

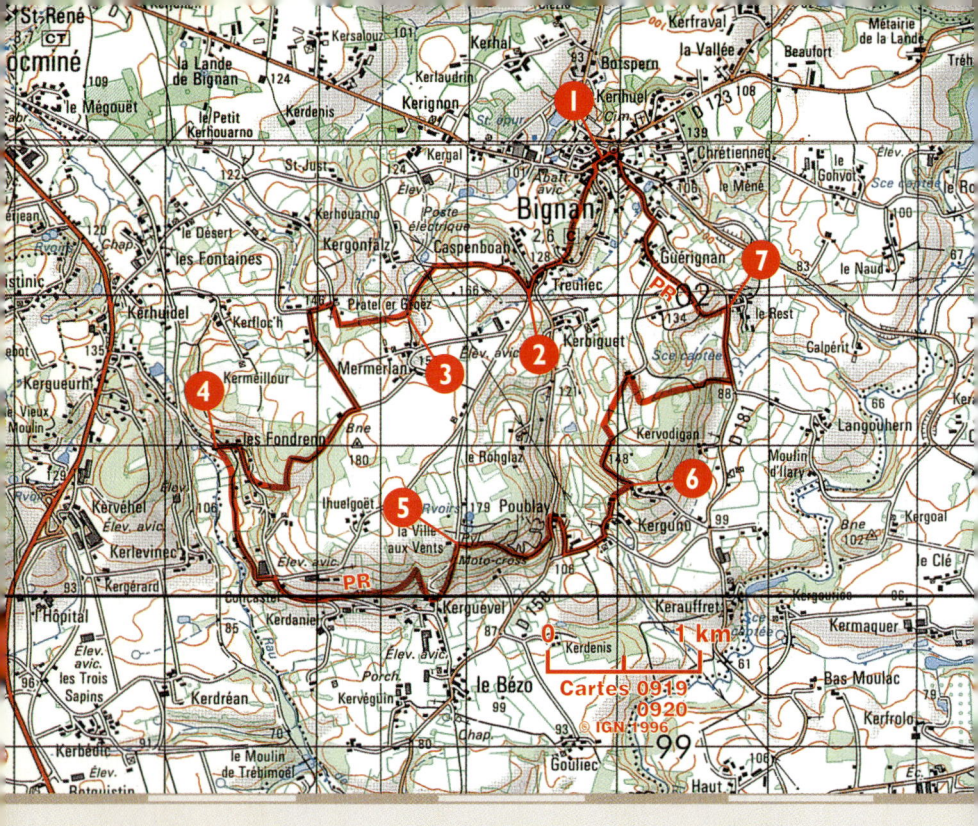

KERGUÉHENNEC, CENTRE D'ART CONTEMPORAIN

Au Moyen Âge, Kerguéhennec est un modeste fief dépendant de la seigneurie de Bignan, lieu de haute justice. Il devient au XVIIe siècle le siège de la vicomté de Bignan. Les banquiers hollandais protestants Hogguer rachètent en 1703, à la famille Du Garo de Kermeno, la seigneurie de Bignan dont le manoir est devenu la résidence principale. Olivier Delourme, architecte vannetais renommé, construit le château en 1710. Le domaine, qui appartient à la famille des Janzé au XIXe siècle, passe en 1872 au comte Paul-Henri Lanjuinais qui entreprend des travaux considérables. Propriété du département, Kerguéhennec est aujourd'hui un centre d'art réputé organisant expositions, concerts, séminaires, classes d'initiation, ateliers de pratique artistique.

CHÂTEAU ET CENTRE D'ART CONTEMPORAIN DE KERGUÉHENNEC / PHOTO Y.B.

Les landes de Bignan

PR 35

MOYEN

3H30 • 14KM

Balade au cœur de la lande bretonne, avec calvaires, croix et fontaines au carrefour des chemins. Prenez garde d'y séjourner trop longtemps… On dit que l'Ankou, en quête d'âmes perdues, y rôde encore…

❶ De la place de la Mairie, prendre la route de Locminé. Au calvaire, bifurquer à gauche vers Colpo, puis emprunter la voie la plus à droite. Suivre la D 150 à droite, la route à droite puis la route à gauche pour gagner le calvaire de Treuliec.

❷ Prendre la route à droite jusqu'à l'entrée du Cosquer, bifurquer à gauche et, au niveau du plan d'eau, continuer par le chemin en face.

❸ Dans la montée, s'engager sur le chemin à droite. Il mène à Prateler-Groëz. Prendre la route à gauche sur 150 m, se diriger à gauche vers Kerdanet et obliquer à gauche pour monter à Roscornec. Au croisement, tourner à droite, longer le bois et traverser à droite Les Fondrenn.

❹ S'engager sur le chemin qui part en épingle à cheveux à gauche et atteindre Cohcastel. Au carrefour, prendre la route à droite. Laisser Kerdaniel à droite, puis partir à gauche et monter à flanc jusqu'à la fontaine Sainte-Nolwenn. Descendre par le sentier à droite au-dessus du Penhoët, puis remonter à gauche.

❺ Avant d'arriver en haut de la butte, emprunter le chemin empierré à droite. Descendre à droite jusqu'à Poublay. Traverser le hameau à droite (Sud-Est), tourner à gauche et gagner Le Cohty. Prendre la route de Kergunu à gauche puis, au niveau du pignon d'une maison, s'engager à gauche sur le sentier qui mène à Kerhuilin.

❻ Tourner à gauche et monter à Fontaine-Gol. Dans le hameau, virer à droite, franchir la colline, puis emprunter la D 181 à gauche jusqu'au Rest.

❼ S'engager sur le chemin à gauche. Prendre la route à droite sur quelques mètres et traverser le hameau de Guérignan à gauche. Au carrefour en T, emprunter la route à gauche et retrouver le bourg de Bignan.

S SITUATION
Bignan, à 28 km au Sud-Est de Pontivy par les D 767 et D 1

P PARKING
place de la Mairie

/ DÉNIVELÉE
altitude mini et maxi, dénivelée cumulée à la montée

178 m
100 m   340 m

B BALISAGE
bleu

! DIFFICULTÉS !
• fortes pentes entre **4** et **6** • parcours sur la D 150 entre **1** et **2** et sur la D 181 entre **6** et **1**

À DÉCOUVRIR…

> En chemin :
• calvaire de Treuliec
• fontaine Sainte-Nolwenn

> Dans la région :
• Saint-Jean-Brévelay : chêne du Pouldu, dolmen de Roh-Koh-Koed
• Guéhenno : calvaire, église, hameau du Mont
• Callac : chemin de croix de la passion
• Josselin : château, musée de la Poupée

• 101

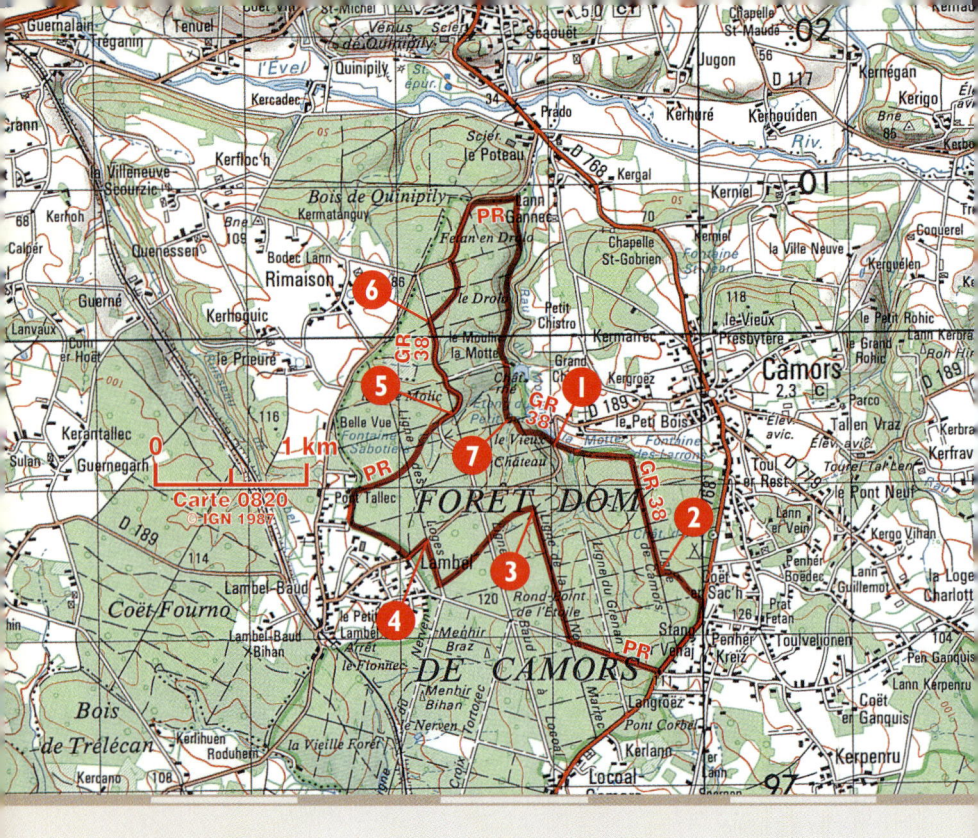

TRADITION
LE DERNIER SABOTIER DU MORBIHAN

Camors est sans nul doute la capitale du sabot. On a compté dans ce village de 2 400 habitants vingt-quatre saboteries employant une centaine de sabotiers. Claude Simon est aujourd'hui le dernier sabotier du département, installé depuis 1982 à la suite de son père. La forêt est proche et fournit le hêtre nécessaire à la fabrication. C'est toujours le sabot traditionnel qu'il fabrique, d'une seule pièce tout en bois, idéal pour le jardin. « Si tes sabots sont bien faits, tu trouveras à les vendre toute ta vie ! » disait son père. Le sabot de Camors comporte une lanière de cuir décoré d'une rosace entourée d'épis. Au premier coup d'œil, un professionnel reconnaît la provenance du sabot.

Au cours de l'été, les portes de l'atelier s'ouvrent aux visiteurs.

CLAUDE SIMON À L'OUVRAGE / PHOTO P.A.T.V.B.

L'eau en forêt de Camors

PR® 36

MOYEN

3H • 10,5KM

La région est boisée et riche de forêts de chênes et précieux hêtres qui s'étendent sur plus de six cent quarante hectares. Il n'est pas étonnant que les sabotiers aient choisi ce lieu pour s'y installer.

❶ Du parking de l'étang du Petit-Bois, emprunter la D 189 en montant, bifurquer à gauche. Passer une retenue d'eau, continuer droit devant puis emprunter à droite l'allée forestière.

❷ Obliquer à gauche sur le sentier, atteindre la D 768 puis la suivre sur 550 m jusqu'au carrefour. Tourner à droite et à 600 m, obliquer vers la droite puis poursuivre tout droit.

❸ Au carrefour en T, aller à gauche. Près de la fontaine Blanche, traverser la route forestière puis virer à droite en angle aigu. Prendre l'allée forestière sur 300 m.

❹ Emprunter la D 189 à gauche puis longer la lisière de la forêt sur la droite. Obliquer à droite, passer devant la fontaine des Sabotiers. A la route, prendre à gauche.

❺ A la jonction avec le GR® 38, suivre la route forestière sur 450 m en face.

❻ S'engager à droite dans le sentier puis descendre la route forestière sur 800 m. Dans le virage, suivre le sentier à droite pour longer le ruisseau sur plus d'1 km.

❼ Tourner à gauche et franchir le ruisseau de la Motte. Longer la pièce d'eau par la droite, traverser la D 189 puis rejoindre le parking.

AIL DES OURS / DESSIN N.L.

FORÊT DE CAMORS / PHOTO Y.B.

S SITUATION
Camors, à 30 km au Nord-Ouest de Vannes par les N 165 et D 768

P PARKING
étang du Petit-Bois, à 800 m à l'Ouest du bourg par la D 189

/ DÉNIVELÉE
altitude mini et maxi, dénivelée cumulée à la montée

119 m
40 m / 140 m

B BALISAGE
1 à 2 > blanc-rouge
2 à 5 > bleu
5 à 6 > blanc-rouge
6 à 7 > bleu
7 à 1 > blanc-rouge

! DIFFICULTÉS !
• passages humides entre **6** et **1** • parcours sur la D 768 entre **2** et **3**

À DÉCOUVRIR...

> **En chemin :**
• étang du Petit-Bois
• fontaine des Sabotiers
• forêt domaniale de Camors

> **Dans la région :**
• Baud : conservatoire régional de la Carte postale, Vénus de Quinipily
• Quistinic : hameau de Poul-Fétan, base de loisirs de Pont-Augan
• Guénin : église XVIIIe, site de Mané Guen
• Lambel : arboretum

• 103

PATRIMOINE
ALLÉE COUVERTE ET TUMULUS DE KERNOURS

Des sept dolmens de type coudé ou en équerre répertoriés entre les estuaires de la Loire et du Blavet, seul le tumulus du Rocher, ou allée couverte de Kernours, a conservé son tertre recouvrant la chambre funéraire. Pierres mégalithiques et panneaux constituent les parois et la voûte, le diamètre de l'ensemble atteint les vingt mètres. Une représentation en forme de morgate, appellation locale de la seiche, apparaît sur l'un des cinq piliers qui soutiennent l'édifice. On a retrouvé, autour du tumulus, les traces de six sépultures circulaires, datant de l'âge du fer.

Des fouilles archéologiques, entreprises au XIXe siècle ont mis à jour silex taillés, armes, bijoux et un petit gobelet de cuivre cerclé de fer. Le site est propriété du département depuis 1981.

SITE MÉGALITHIQUE DE KERNOURS / PHOTO Y.B.

Les **deux rivières** du **Bono**

PR® 37
FACILE

2H40 • 8KM

STERNES PIERRE-GARIN / DESSIN P.R.

Non loin d'Auray, se niche Le Bono où convergent la rivière du même nom et celle du Loch. Elles sont enjambées par l'ancien pont, inspiré de Gustave Eiffel, et du nouveau avec ses deux piliers inclinés.

1 Rejoindre le port.

2 Au bassin, prendre le quai à gauche et longer la rivière du Bono qui descend vers le Sud-Ouest *(vue sur les ponts, l'ancien inspiré du travail de Gustave Eiffel et le nouveau avec ses deux piliers inclinés)*. Quitter la rivière, emprunter la rue Colbert puis la rue Jean-Mermoz, se diriger vers Kernours et son tumulus *(ensemble d'un tumulus néolithique et de tombelles datant de 2 500 ans avant Jésus-Christ ; lampe de poche nécessaire pour la visite du tumulus)*.

3 Poursuivre en sous-bois et descendre sur la rive gauche de la rivière d'Auray. La longer jusqu'à la pointe de Berl *(vue sur l'entrée du golfe du Morbihan et sur Locmariaquer à l'horizon)*.

4 Longer les chantiers ostréicoles et la baie de Kerdréan.

5 Au bout, avant le pont de pierre, tourner à gauche, puis monter à Kerdréan à gauche *(château XIIe-XVIe-XIXe, avec un portail d'entrée en plein cintre, transformé en complexe hôtelier)*. Utiliser la route d'accès du domaine.

6 S'engager sur le chemin de terre à gauche. Il se faufile entre des pâtures et mène à Minihy. Prendre la route à droite et monter à Botquelen.

7 Prendre le chemin des Chouans à gauche. Il contourne un lotissement. Emprunter la rue Jean-Jaurès à droite, traverser la D 101 et poursuivre en face pour rejoindre le parking.

S SITUATION
Le Bono, à 20 km à l'Ouest de Vannes par les N 165 et D 101

P PARKING
place de la Mairie

DÉNIVELÉE
altitude mini et maxi, dénivelée cumulée à la montée

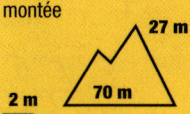

27 m
2 m / 70 m

B BALISAGE
1 à 2 > non balisé
2 à 5 > blanc-rouge
5 à 1 > vert

! DIFFICULTÉS !
traversée de la D 101 entre **6** et **1**

À DÉCOUVRIR...

> En chemin :
• vue sur les ponts du Bono
• tumulus de Kernours
• vue sur le golfe du Morbihan et la rivière d'Auray
• château de Kerdréan

> Dans la région :
• Larmor-Baden : cairn de Gavrinis, réserve naturelle de Pen-en-Toul
• Crac'h : parc du château de Plessis-Kaer
• Saint-Anne-d'Auray : basilique, musée du Costume breton
• Auray : port, rues et église de Saint-Goustan
• Brec'h : écomusée de Saint-Dégan

• 105

PATRIMOINE
VOYAGE AU VILLAGE DE SAINT-LAURENT

La traversée du village de Saint-Laurent, autrefois désigné sous le nom de Cado – Rohello, est un voyage dans l'histoire. Au XVIIIe siècle, le groupe de maisons autour de la chapelle porte le nom de Saint-Laurent ; celui du milieu, Kerbascouret, celui du sud-est Driaz Ker. À cent mètres de la chapelle, se trouve le lieu des exécutions capitales de la seigneurie de Keravéon. Les fourches, destinées à la pendaison des criminels, s'élèvent à l'entrée du champ dit Er Potenneu, la potence, nom que l'on retrouve mentionné sur le vieux cadastre. La petite chapelle du XVIe siècle a dû en remplacer une plus ancienne. L'autel en pierre conserve encore sur le devant, la trace de trois écussons martelés, sans doute ceux des seigneurs de Talhouët-Keravéon.

CHAPELLE DE SAINT-LAURENT
PHOTO Y.B.

106 • LE MORBIHAN… À PIED

Chapelles et fontaines de Ploemel

PR® 38
FACILE
3H • 10KM

A quelques kilomètres de la côte atlantique, la balade est vivifiante. A la chapelle Notre-Dame-de-la-Recouvrance, les femmes de marins, sans nouvelles de leurs conjoints, venaient ici prier la Vierge.

HERMINE / DESSIN P.R.

S SITUATION
Ploemel, à 25 km à l'Ouest de Vannes par les N 165, D 22 et D 105

P PARKING
mairie

/ DÉNIVELÉE
altitude mini et maxi, dénivelée cumulée à la montée

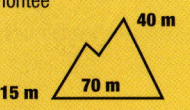

40 m / 15 m / 70 m

B BALISAGE
jaune

! DIFFICULTÉS !
parcours sur la D 119 entre **1** et **2** puis entre **6** et **7**

❶ Emprunter la D 119 en direction de Locoal-Mendon. Traverser la voie de chemin de fer et prendre à gauche la rue du Champ-d'Amour. Elle se transforme en chemin dans un sous-bois. Passer l'étang communal à droite et déboucher sur une route, à Poul-Hoc'h.

> Possibilité de voir le dolmen de Mané-Bogad situé à 400 m : prendre la route à gauche et tourner à gauche.

❷ Prendre à droite le chemin rural qui mène à Locmiquel. Traverser la route et continuer vers Saint-Laurent. A la croix, emprunter la route à gauche puis la route à droite.

❸ Avant la chapelle Saint-Laurent, s'engager sur le chemin à droite. Il longe le golf. Traverser la route et continuer en face sur 500 m.

❹ Au niveau de la ligne à haute tension, suivre le chemin à gauche. Emprunter la route à droite et se rendre à la chapelle et à la fontaine Saint-Cado. Prendre la route à droite.

❺ S'engager sur le sentier à droite en direction de Locmiquel. Prendre la route à droite sur 100 m, puis longer le hameau à gauche et couper la D 186. Continuer par le chemin presqu'en face. Emprunter la route à droite et déboucher à Keraudran. Parcourir la route à gauche sur 50 m.

❻ Prendre le chemin à droite, la D 119 à droite, puis la route à gauche sur 500 m et la route à droite sur 250 m.

❼ S'engager à droite sur le chemin qui traverse le bois *(fontaine de Kerplat à gauche)*. Poursuivre par la route, franchir la voie ferrée et emprunter la route qui mène à l'église *(au Sud de l'église, chapelle Notre-Dame-de-la-Recouvrance destinée en Bretagne aux femmes de marins sans nouvelles de leurs époux)*. Rejoindre le point de départ.

À DÉCOUVRIR...

> En chemin :
• Saint-Laurent : chapelle XVIe, golf • Saint-Cado : fontaine et chapelle XVIe
• fontaine de Kerplat
• Ploemel : chapelle Notre-Dame-de-la-Recouvrance XVIe

> Dans la région :
• Plouharnel : musée de la Chouannerie, musée du Coquillage du Galion
• Carnac : alignements mégalithiques, archéoscope
• Locmariaquer : site mégalithique de la Table des Marchands
• La Trinité-sur-Mer : port, pointe de Kerbihan

• 107

UN PEU D'HISTOIRE
LES MESSAGES CODÉS DU SÉMAPHORE

Au début du siècle dernier, le sémaphore de Kerniscob permet, grâce à son mât décimal à dix chiffres, une communication codée à distance. Le mât, avec un système de plaque tournante, s'oriente et se déplace. Il a fonctionné ainsi jusqu'en 1927, date à laquelle le système décimal est remplacé par des projecteurs émettant des signaux en morse et un système de pavillons à code international. Durant l'occupation, le sémaphore est incendié par les troupes ennemies. Il dresse ses ruines durant de nombreuses années avant d'être démoli par les services communaux en novembre 1976. Seule subsiste une tour ronde qui servait de support au mât. Les services de la marine l'appellent le sémaphore de Locmaria, de l'ancien nom de la paroisse de Quiberon.

L'ANCIEN SÉMAPHORE / PHOTO CARTOPOLE

108 • LE MORBIHAN… À PIED

Saint-Julien
Pointe du Conguel

PR® 39

MOYEN

3H • 11KM

Vous êtes au bout de la presqu'île de Quiberon, juste reliée au continent par un isthme fragile fait d'alluvions. Au loin, s'étale Belle-Ile, la bien nommée.

LISERON DES MERS / DESSIN N.L.

S SITUATION
Quiberon, à 45 km au Sud-Ouest de Vannes par les N 165 et D 768

P PARKING
place Saint-Julien, rue de la Petite-Côte

/ DÉNIVELÉE
altitude mini et maxi, dénivelée cumulée à la montée
15 m
5 m — 30 m

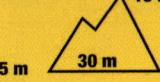

B BALISAGE
1 à 2 > jaune
2 à 6 > blanc-rouge
6 à 1 > jaune

❶ Prendre la rue Petite-Côte en direction de la mer et longer le bord du littoral vers la droite.

❷ Poursuivre par le sentier côtier puis par la route côtière.

❸ Laisser le chemin du retour à droite et poursuivre par la route sur 50 m.

❹ Dans le virage, continuer à gauche par le sentier côtier et longer le port Haliguen. Juste après, suivre le boulevard des Emigrés et continuer par le sentier côtier jusqu'à la pointe du Conguel *(table d'orientation permettant d'identifier les îles et les ports)*.

❺ Continuer par le sentier qui longe l'autre côté de la pointe et déboucher sur une route transversale.

❻ La traverser et continuer en sous-bois le long du camping. Virer à gauche en angle aigu, passer le menhir du Goulvar, puis tourner à droite. Emprunter le boulevard de l'Aérodrome à gauche, puis la rue Joseph-Le-Brix à droite. Après le point d'eau, suivre à droite la rue Vauban.

❼ Prendre à gauche la rue des Douaniers. Longer la place de Port-Haliguen, suivre à gauche la rue de Port-Haliguen, puis à droite la rue du Mané. Traverser la rue Surcouf, continuer en face puis par la rue de Belle-Vue. Emprunter à droite la rue des Galets puis à gauche, l'impasse Er-Vad-Juner. Parcourir à droite le boulevard de Castéro.

❹ Continuer sur 30 m.

❸ Tourner à gauche et emprunter le chemin de Tal-Fetan qui se rétrécit. Poursuivre droit devant jusqu'à la chapelle Saint-Julien *(possibilité de visite).* Prendre la rue des Joncs pour retrouver le parking.

À DÉCOUVRIR...

> En chemin :
• port Haliguen • point de vue de la pointe du Conguel • menhir du Goulvars • Saint-Julien : chapelle

> Dans la région :
• Plouharnel : abbayes Saint-Michel et Sainte-Anne-de-Kergonan, hameau de Sainte-Barbe
• Quiberon : point de vue de l'ancien sémaphore, côte sauvage
• Carnac : alignements mégalithiques, église Saint-Cornély, tumulus Saint-Michel
• Saint-Pierre-Quiberon : isthme de Penthièvre, chapelle de Lotivy

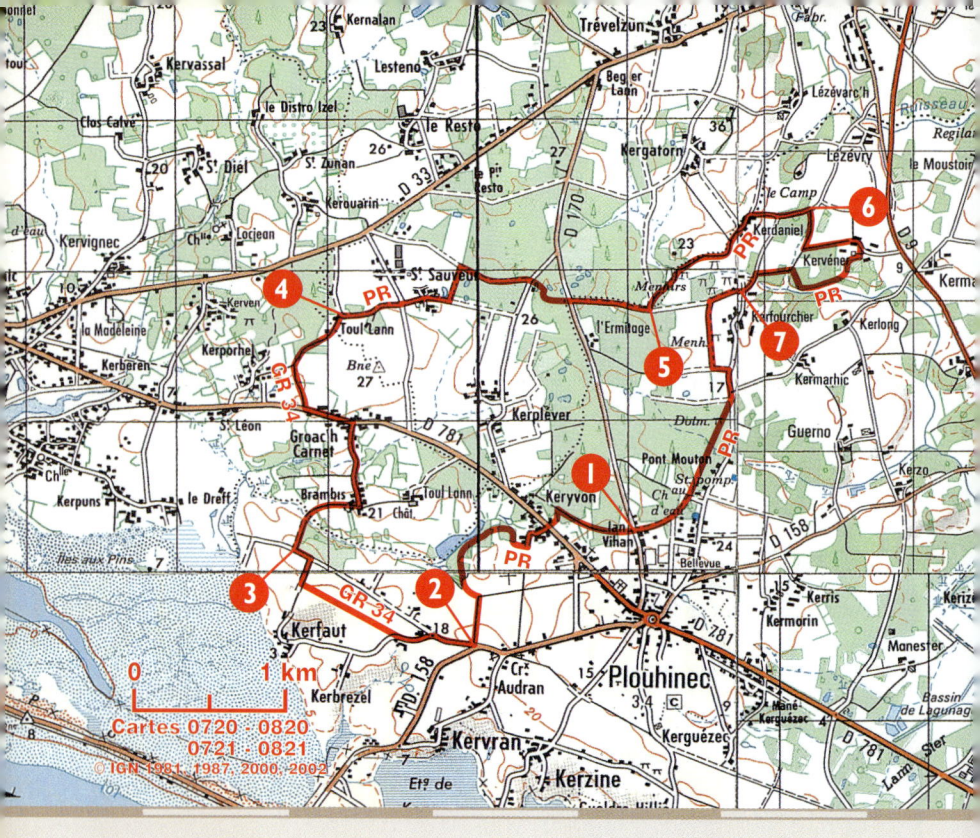

PATRIMOINE
QUAND LES MENHIRS PARTENT EN BALADE

La commune s'enorgueillit d'avoir eu d'importants alignements mégalithiques sur son sol. Peu ont subsisté au fil des siècles. La Croix-Audran, que l'on découvre au bord de la route de Kervran, a probablement été taillée dans un menhir lors de la période de christianisation de la région. Selon une légende, les pierres de Plouhinec, constituant les alignements de Gueldro-Hilio, iraient tous les cent ans s'abreuver à la rivière « d'Intel ». Il faut alors faire vite pour découvrir les trésors qu'elles recèlent à leur pied et prendre garde au moment de leur retour. Quiconque n'a pas en main une branche de l'herbe de la croix, entourée de trèfles à cinq feuilles, périt écrasé. Les pierres, charmées par le démon, reprennent leur position pour un siècle.

MÉGALITHES À PLOUHINEC / PHOTO Y.B.

Plouhinec, entre terre et mer

La terre a le goût des embruns venus du large. Le sel parfume les ajoncs et bruyères qui parsèment la lande. Au loin, s'étale la petite mer de Gâvre. A l'horizon, Port-Louis, Riantec et Lorient.

❶ Emprunter le chemin plein Ouest *(ancienne voie ferrée)* sur 500 m, puis tourner à gauche. Couper la D 781, continuer en face, traverser Keryvon et, avant la dernière maison, s'engager sur le chemin à droite. Longer l'étang et poursuivre dans le bois. Au croisement, aller à droite et déboucher sur une route.

❷ La prendre à droite sur 400 m en direction de Kerbavec, puis bifurquer sur la route à gauche et s'engager sur le chemin de terre à droite. Au bout, tourner à droite puis à gauche *(vue sur la petite mer de Gâvre ; à l'horizon : Port-Louis, Riantec et Lorient)*.

❸ Suivre le chemin à droite, franchir le vallon et gagner Brambis. Dans le hameau, tourner à gauche. Au carrefour de Groac'h-Carnec, emprunter la D 781 à gauche sur 300 m, puis s'engager sur le chemin de terre à droite. Il mène à Toul-Lann.

❹ Bifurquer sur le chemin empierré à droite et gagner Saint-Sauveur. Après le hameau, tourner à gauche, puis entrer à droite dans le bois. Couper la D 170 et continuer en face sur 500 m.

❺ Se diriger à gauche sur 100 m, puis bifurquer à droite *(menhir à 50 m du bord du sentier)*. Le chemin mène à Kerdaniel. Traverser le hameau et, au croisement, se diriger à droite. Laisser une voie à droite et poursuivre sur 200 m.

❻ S'engager sur le chemin à droite, puis suivre le chemin à gauche et gagner Kervener *(chapelle Saint-Fiacre, chaumières et fontaine)*. Avant la fontaine, tourner à droite, puis utiliser le passage à travers bois et se rendre à Pen-er-Pont. Prendre la route à gauche.

❼ Dans le virage, partir à droite. S'engager sur le chemin à gauche *(menhir de Kerfourcher à gauche dans un champ)*. Au bout, tourner à gauche, puis prendre la route à droite. Au croisement, entrer dans le bois à droite *(Sud-Ouest)* et revenir au point de départ.

PR® 40

MOYEN

3H30 • 14KM

S SITUATION
Plouhinec, à 15 km au Sud-Est de Lorient par les D 194, D 9 et D 158

P PARKING
La Gare, à 500 m au Nord du bourg par la D 170

DÉNIVELÉE
altitude mini et maxi, dénivelée cumulée à la montée

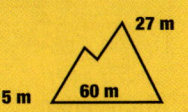

27 m — 5 m — 60 m

B BALISAGE
1 à 2 > jaune
2 à 4 > blanc-rouge
4 à 5 > orange
5 à 1 > jaune

! DIFFICULTÉS !
parcours sur la D 781 entre 3 et 4

À DÉCOUVRIR...

> **En chemin :**
• vue sur la petite mer de Gâvres • Kervener : hameau pittoresque
• menhir de Kerfourcher

> **Dans la région :**
• Belz : île et chapelle de Saint-Cado, Pont-Lorois
• Port-Louis : musée de la Compagnie des Indes, citadelle • Erdeven : site mégalithique de Kerzerho, plages • Riantec : maison de l'Île Kerner, chapelle de la Trinité XVe

• 111

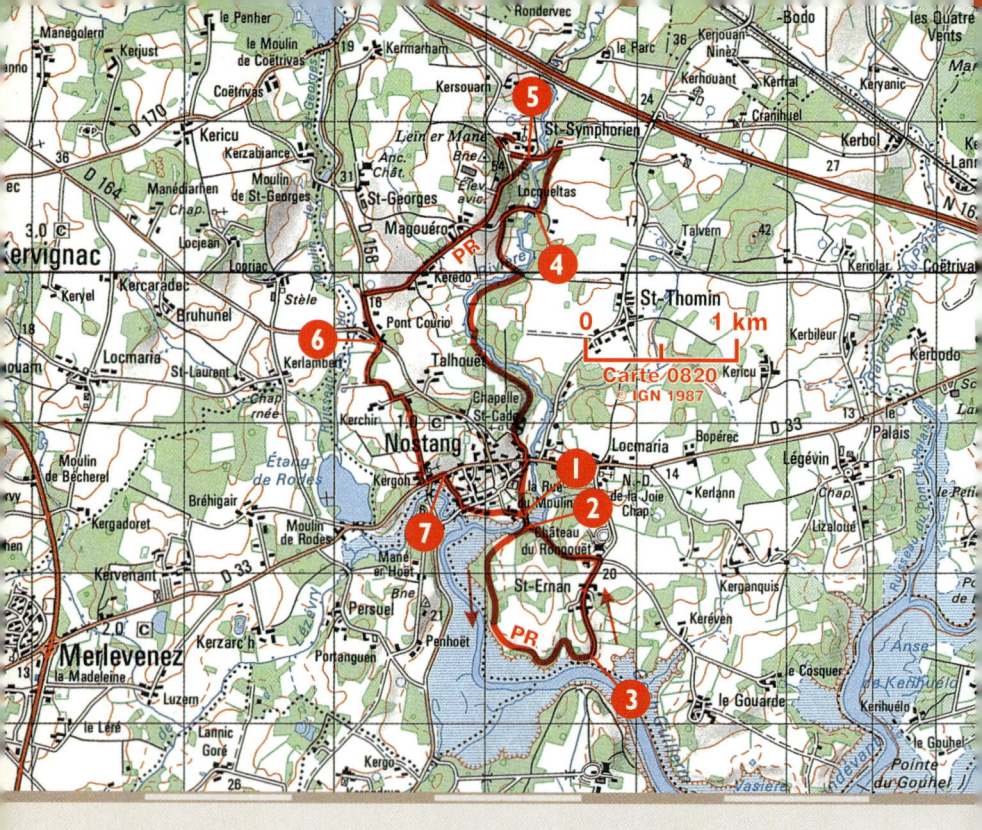

FAUNE ET FLORE
AU FOND DE LA RIA D'ÉTEL

Canards colverts, aigrettes, hérons et autres petits échassiers aiment à séjourner dans la ria d'Etel. Les rivières du Moulin du Palais, du Moulin de Saint-Georges, du Pont du Roc'h parcourent le site. Au fond, se niche la commune de Nostang, qui en breton Lostenk, signifie la queue des étangs. Jusqu'en 1850, Etel fait partie d'Erdeven. La pêche à la sardine constitue la richesse économique du pays, remplacée ensuite par la pêche au thon jusqu'en 1950. Sur les îles et presqu'îles fleurissent genêts et bruyères, digitales, ormes et chênes. La ria, dite en bouteille, offre un étroit débouché sur l'océan. À l'horizon, les eaux de la terre se mêlent à la mer avec violence jusqu'à la barre de rochers et de sables mouvants qu'on appelle barre d'Etel.

RIA D'ETEL / PHOTO Y.B.

Les berges du Roch

PR 41

MOYEN

3H • 11KM

Au fond de la ria d'Etel se niche Nostang. Dans les vasières fourmillent spatules, aigrettes et autres petits échassiers. L'homme a su aménager son espace avec harmonie : il est marin et paysan à la fois.

❶ Quitter le village des gîtes, franchir le pont et poursuivre sur 50 m.

❷ S'engager sur le chemin à droite et continuer par le sentier côtier. Traverser les boisements et aboutir à une aire de pique-nique *(vue sur les vasières)*.

❸ Prendre la route à gauche. Elle conduit à Saint-Ernan. Traverser le hameau et poursuivre sur 200 m. Avant le château de Rongouët, s'engager sur le chemin à gauche et retrouver le pont.

❷ Franchir le pont en sens inverse.

❶ Avant l'atelier municipal, s'engager dans l'allée à droite. Passer entre le cimetière et le terrain de football, couper la D 33 et aller vers l'école Sainte-Anne. A gauche de l'école, suivre l'allée qui mène au Roch. Longer le ruisseau sur 800 m, franchir la passerelle Gérard à droite, puis la passerelle Anne-Cécile à gauche et continuer par le sentier jusqu'à Locqueltas. Prendre la route à droite et descendre au pont.

❹ S'engager sur le chemin à gauche. Emprunter la route à gauche et franchir à nouveau la rivière.

> Possibilité de réaliser une boucle à droite pour visiter Saint-Symphorien *(voir tracé en tirets sur la carte)*.

❺ Prendre le chemin à gauche, poursuivre par la route, traverser Kerédo, puis emprunter la D 158 à gauche et gagner Pont-Courio.

❻ Emprunter le chemin à droite. Au bout, tourner à gauche. Prendre la route d'accès à Kerchir à gauche sur 30 m, puis partir à droite afin de rejoindre la chapelle Saint-Cado et le hameau de Kergoh. Longer la D 33 à gauche jusqu'à la fontaine.

❼ Prendre à droite le chemin goudronné du Ty-Ru et gagner la place du Calvaire. S'engager dans le chemin creux à droite pour retrouver le village des gîtes.

S SITUATION
Nostang, à 20 km à l'Est de Lorient par les N 165 et D 33

P PARKING
village des gîtes Le Remoulin

/ DÉNIVELÉE
altitude mini et maxi, dénivelée cumulée à la montée

31 m
5 m / 100 m

B BALISAGE
jaune

! DIFFICULTÉS !
• terrain très humide en hiver entre **1** et **4**
• parcours sur la D 33 avant **7**

À DÉCOUVRIR...

> En chemin :
• château de Rongouët
• Saint-Symphorien : chapelle, hameau pittoresque • chapelle Saint-Cado

> Dans la région :
• Etel : port, rivière, Barre d'Etel • Belz : île de Saint-Cado, Pont-Lorois • Landaul : châteaux de Kerambourg, Kerambarh, quenouille Sainte-Brigitte • Locoal-Mendon : pointe de la Forêt

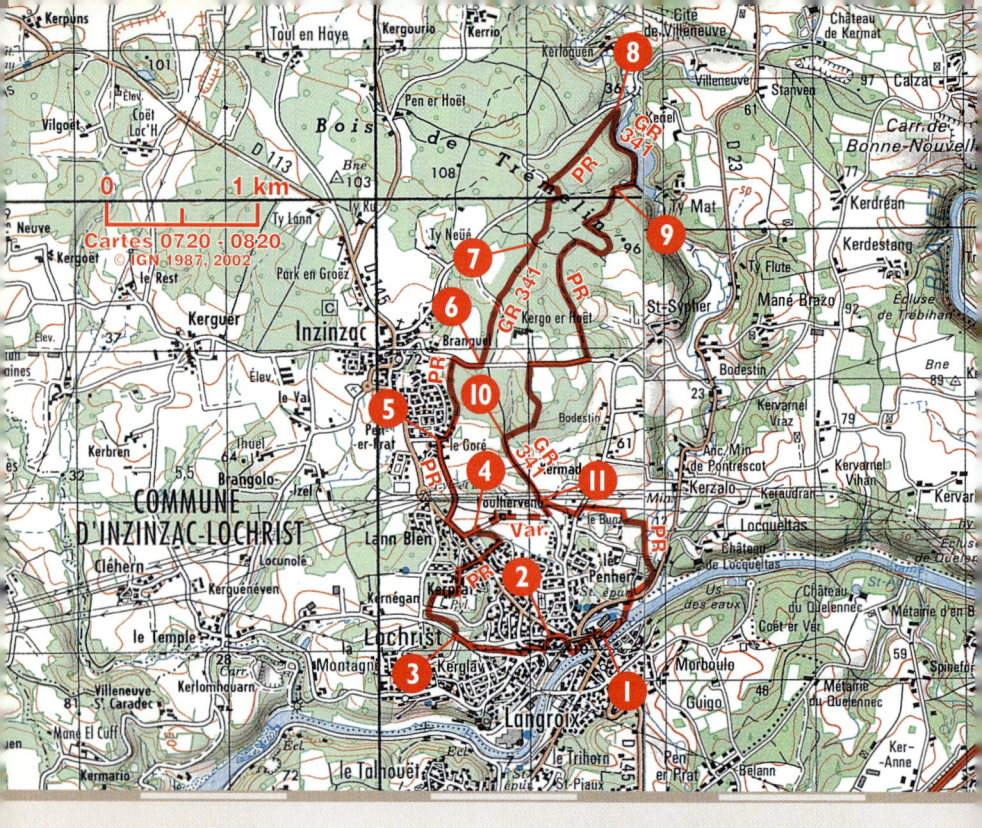

ÉCONOMIE
Prospérité avec l'usine de Kerglaw

Pour répondre aux besoins des nombreuses conserveries bretonnes, Emile et Henry Trottier créent en 1860 une fonderie à Lochrist. Elle s'étend progressivement jusqu'à l'île de Locastel en Lochrist pour devenir dès 1885, les forges d'Hennebont. Devenues propriété de la Société des Cirages Français en 1882, les forges s'adaptent aux nouvelles techniques, employant jusqu'à trois mille ouvriers en 1936, produisant 33 199 tonnes de tôle, 9292 tonnes de fer blanc et 915 tonnes de moulages d'acier. Mais, face à la concurrence européenne, l'établissement ferme ses portes en 1966. L'écomusée, qui occupe aujourd'hui l'ancien laboratoire des essais sur métal, retrace les techniques, l'identité de la communauté et l'héritage du mouvement ouvrier.

ECOMUSÉE DES FORGES / PHOTO F. L.D.

Mané Braz
Bois de Trémelin

PR® 42

MOYEN

3H15 • 13KM

La variété des paysages est au rendez-vous. Entre bocages, collines et plateaux, l'on découvre ici, un jardin, là un bois, un peu plus loin un ruisseau où un étang où sommeillent la carpe et le goujon.

❶ Se diriger vers la pointe Sud de l'île de Locastel *(vue sur la rivière du Blavet entre les deux ponts)*. Emprunter la passerelle pour rejoindre le centre culturel et l'église.

❷ Descendre en face, déboucher sur les étangs de Kerprat et remonter par le jardin public *(fontaine et lavoir)*. A la sortie, poursuivre la montée sur 100 m.

❸ Monter dans le bois à droite et poursuivre par le parcours sportif de Mané-Braz. Contourner le stade par la gauche jusqu'à l'entrée. Descendre par la rue du Stade, se diriger vers la cité des Ajoncs et atteindre le ruisseau, la fontaine et le lavoir.

> Variante de Mané-Braz *(circuit de 5 km)* : tourner à droite, passer au village de Poulherveno puis tourner à gauche pour trouver le point ⓫.

❹ Tourner à gauche, longer la D 145 à droite, puis emprunter à droite la rue qui mène à l'auberge de jeunesse.

❺ A l'arrière de l'auberge, pénétrer dans le bois de Trémelin. Prendre la route à droite.

❻ Suivre le chemin à gauche sur 900 m.

❼ A l'intersection, continuer en face. Le chemin zigzague, puis descend à travers bois.

❽ Au parking, tourner à droite, longer l'étang de Ty-Mat et continuer sur 800 m. Monter à droite.

❾ Aller à gauche. Tourner à gauche.
Le chemin zigzague sur le plateau. Descendre à gauche, prendre la route à droite. Descendre de nouveau à gauche et atteindre la lisière du bois.

❿ Prendre le chemin à gauche sur 400 m.

⓫ Partir à gauche et longer le ruisseau jusqu'à Ty-Henri. Prendre la route à gauche et le chemin à droite pour atteindre le parc du Bunz *(ancienne maison et parc des Forges)*. Franchir la passerelle, longer le stade d'eau vive de canoë-kayak et traverser le jardin public afin de retrouver le point de départ.

S SITUATION
Inzinzac-Lochrist, à 15 km au Nord-Est de Lorient par les N 165, D 724 et D 145

P PARKING
Eau Vive sur l'île de Locastel

DÉNIVELÉE
altitude mini et maxi, dénivelée cumulée à la montée

95 m
10 m 210 m

B BALISAGE
1 à 5 > rouge
5 à 6 > jaune
6 à 7 > blanc-rouge
7 à 8 > jaune
8 à 9 > blanc-rouge
9 à 10 > jaune
10 à 11 > blanc-rouge
11 à 1 > violet

! DIFFICULTÉS !
• bien suivre le balisage dans le bois de Trémelin entre **7** et **10** • forte montée entre **9** et **10**
• parcours sur la D 145 entre **4** et **5**

À DÉCOUVRIR...

> En chemin :
• vue sur le Blavet • bois de Trémelin • étang de Ty-Mat • parc du Bunz

> Dans la région :
• Inzinzac-Lochrist : écomusée industriel des Forges • Hennebont : haras national, remparts, basilique Notre-Dame-de-Paradis XVIe
• Pont-Scorff : parc zoologique

• 115

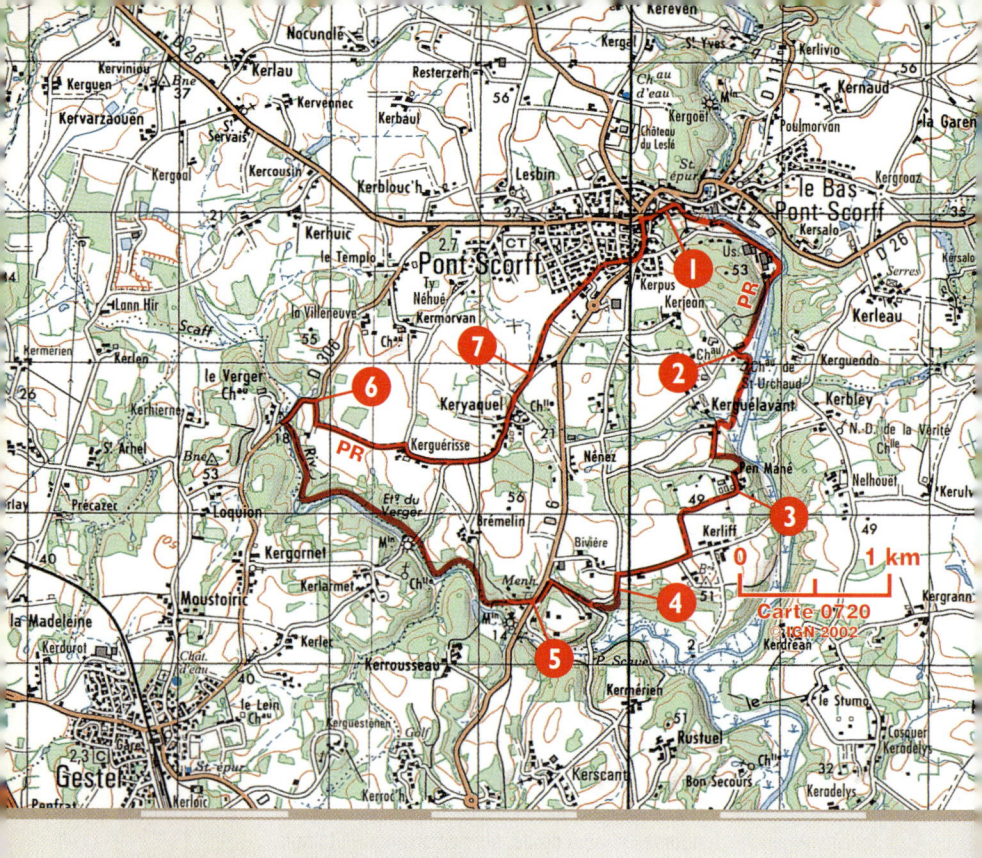

FAUNE ET FLORE
LE SAUMON REMONTE LE SCORFF

Ce sont les pêcheurs qui se rendent compte les premiers de la diminution des saumons dans le Scorff. En 1994, le Conseil supérieur de la pêche décide de concevoir la station de Pont-Scorff pour comptabiliser le nombre de poissons et ainsi, mieux gérer la ressource. L'établissement, installé sur le site du Moulin des Princes, a été baptisé Odyssaum, centre d'interprétation du saumon sauvage. On y découvre, tout au long de cinq espaces, la vie de ce poisson fabuleux, capable de parcourir des milliers de kilomètres dans l'océan avant de revenir dans sa rivière natale pour s'y reproduire et mourir. Le saumon remonte le cours d'eau au printemps et de juin jusqu'à fin août. Chacun est soigneusement identifié, mesuré et pesé. On peut y voir passer des spécimens de 6,5 kilos !

PÊCHEUR À LA MOUCHE SUR LE SCORFF/ PHOTO Y.B.

116 • LE MORBIHAN... À PIED

Saint-Urchaud

PR® 43

MOYEN
3H • 12KM

Le manoir a pris le nom de Saint-Urchaud au xviiᵉ siècle ; il aurait été celui d'un charpentier de la Compagnie des Indes. Ne pouvant remonter le Scorff, les embarcations faisaient halte dans le petit port.

❶ Aller au fond de la place, descendre les escaliers et poursuivre sur 70 m. Avant le pont, se faufiler à droite entre deux maisons et longer le Scorff. Passer la laiterie et traverser le bois de Pistol.

SAUMON / DESSIN P.R.

❷ Tourner à gauche vers le château de Saint-Urchaud et le dépasser. Franchir le ruisseau et gagner la ferme de Saint-Urchaud. Continuer en face sur 180 m, virer à gauche et monter par le chemin dans le bois. Emprunter la route à gauche pour traverser Pen-Mané.

❸ S'engager sur le sentier à droite, bifurquer à gauche et prendre la route à droite sur 500 m. Après Kermorgan, emprunter la route à gauche sur 100 m.

❹ Descendre par le chemin à gauche sur 50 m, puis prendre le chemin à droite. Traverser deux routes et le parking du zoo de Pont-Scorff. Longer le zoo à droite sur 80 m.

❺ Couper la D 6 et poursuivre par la route presque en face *(monument du Souvenir)*. Après Kerrouseau, continuer par le chemin en bordure du Scave. Croiser la route du moulin Neuf, côtoyer la rive de l'étang du Verger, puis emprunter la D 306 à droite.

❻ Prendre la route à droite en direction de Kermerrien. Avant les maisons, s'engager sur le chemin à gauche. Après la ferme, tourner à droite vers Kerguérisse et poursuivre par la route jusqu'à Keryaquel *(chapelle Saint-Gildas xviiiᵉ)*. Traverser le hameau et continuer par la route jusqu'au centre de dressage pour chien d'aveugle.

❼ Bifurquer sur le chemin à gauche. Dans le quartier de Ty-er-Park, prendre la rue à droite, puis la D 6 à gauche vers l'église. Tourner à droite et emprunter la cour des métiers d'Art pour regagner la place de la Maison-des-Princes.

S SITUATION
Pont-Scorff, à 11 km au Nord de Lorient par les N 165 et D 6

P PARKING
maison des Princes

/ DÉNIVELÉE
altitude mini et maxi, dénivelée cumulée à la montée
47 m
5 m / 170 m

B BALISAGE
jaune

! DIFFICULTÉS !
• passage très humide en période pluvieuse entre **5** et **6** • traversée de la D 6 en **5**

À DÉCOUVRIR…

> En chemin :
• maison des Princes xvᵉ
• Saint-Urchaud : château, ferme • Keryaquel : fontaine, chapelle et lavoir • Pont-Scorff : cour des Métiers d'Art

> Dans la région :
• Pont-Scorff : zoo, Odyssaum • Lorient : chalutier Victor Pleven, maison de la Mer, cimetière de bateaux, navire de découverte Thalassa, base de sous-marins de Keroman • Hennebont : parc de Kerbihan, remparts, haras national • Inzinzac-Lochrist : écomusée industriel des Forges

• 117

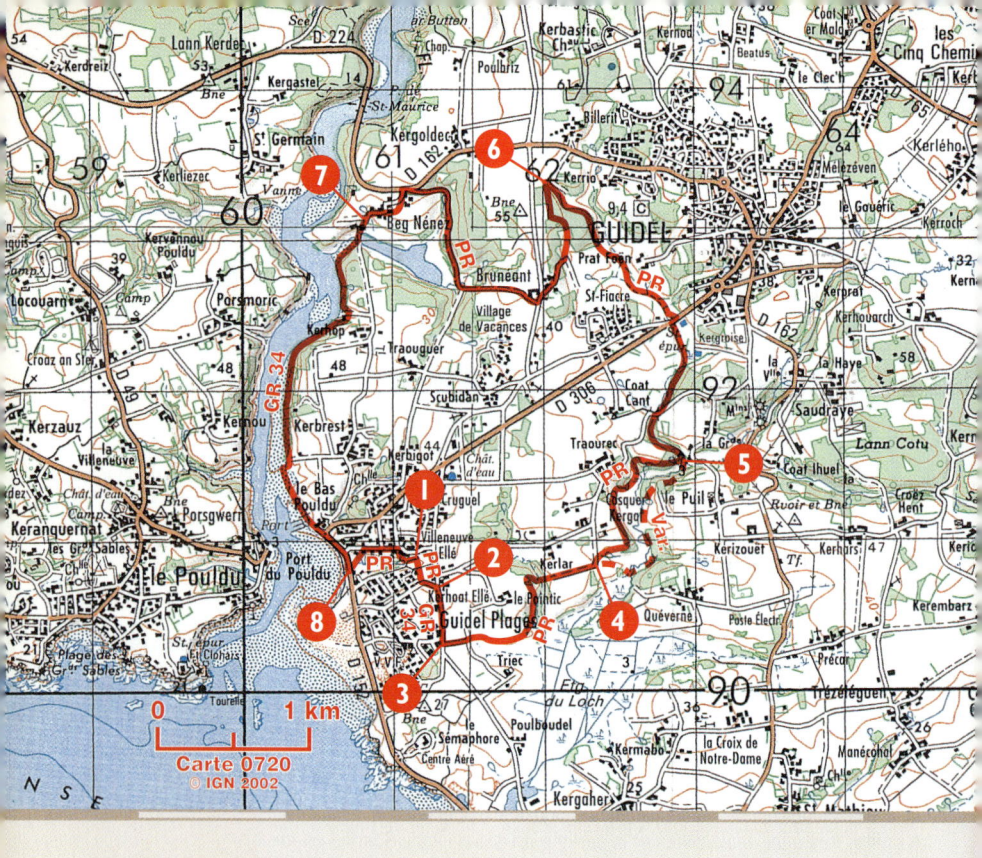

FAUNE ET FLORE
ESPACE NATUREL DU MARAIS DU LOCH

La zone humide du Loch, traversée par la rivière la Saudraie, couvre quelque 130 hectares; elle est gérée par la fédération des chasseurs du département. Le grand polder, autrefois utilisé par les agriculteurs, est devenu une zone d'accueil pour de nombreux oiseaux. Trois observatoires et un sentier d'interprétation permettent de les découvrir en toute tranquillité. Un troupeau de poneys, New-Forest, entretient le site. Dans l'estuaire poussent l'asphodèle d'Arrondeau et l'ail des ours. Y prospèrent le grand cormoran, le héron cendré et le grèbe castagneux. La majeure partie du marais du Loch, la dune du Pouldu, les vallons de la Pitié et du Pouldu, les forêts du Rocher Royal et de Coat-Roual sont propriétés du département qui veille à leur protection.

PHOTO C.Y.

Entre **Loc'h** et **Laïta**

PR 44

MOYEN

3H • 12KM

Dans la vallée de la Laïta, convergent l'Isole et l'Ellé. Le sentier longe une retenue d'eau qui s'étale sur huit hectares. Mouettes rieuses, canards colverts, hérons cendrés, aigrettes y font halte.

❶ Du parking de Villeneuve-Ellé, franchir le vallon en direction du court de tennis.

❷ Au rond-point, suivre la route du Poulboudel à droite sur 300 m.

❸ Prendre à gauche le chemin du Loc'h. Poursuivre et arriver à une bifurcation.

> Possibilité de longer soit la rive gauche soit la rive droite de la Saudraye en utilisant le pont en bois des Chasseurs.

❹ Longer par endroits le ruisseau de la Saudraye.

❺ 100 m avant le moulin d'Orvoën, monter par le chemin à gauche, puis arriver près de la première allée aux arbres *(portant le prénom et la date de naissance des enfants de Guidel)*. Couper la route et poursuivre par l'allée. Emprunter la D 306 à droite sur 30 m, utiliser le passage-piéton, redescendre sur 30 m et s'engager sur le sentier à droite. Il rejoint l'allée des arbres aux enfants. Continuer sur 800 m, dans le bois tourner à gauche.

❻ Dans le deuxième bois, virer à gauche et se diriger vers Brunénant. Traverser le hameau en restant à gauche. A la sortie Sud, s'engager sur le chemin à droite. Il descend vers l'étang de Beg-Nénez. En bas, emprunter le chemin à droite. Il mène à la D 162. Ne pas traverser la route, mais en haut de Beg-Nénez, descendre à gauche, passer le hameau et parcourir la route.

❼ Franchir la digue du moulin de Beg-Nénez, bifurquer à droite dans le bois et prendre le chemin qui longe la rivière Laïta jusqu'au port de plaisance de Guidel. Traverser le port, utiliser l'escalier, passer les restaurants et parcourir le trottoir sur 500 m.

❽ Traverser la D 152 à gauche. Après les pins, entrer dans le vallon de La Villeneuve-Ellé et retrouver le centre aéré.

IRIS DES MARAIS / PHOTO C.Y.

SITUATION
Guidel, à 15 km au Nord-Ouest de Lorient par les N 165 et D 306

PARKING
Villeneuve-Ellé (centre aéré de Guidel-Plage) par la route de Poulboudel

DÉNIVELÉE
altitude mini et maxi, dénivelée cumulée à la montée

45 m / 140 m / 5 m

BALISAGE
1 à 2 > jaune
2 à 3 > blanc-rouge
3 à 7 > jaune
7 à 8 > blanc-rouge
8 à 1 > jaune

! DIFFICULTÉS !
• passages humides en saison pluvieuse entre **3** et **6** puis **7** et **8**
• traversée de la D 306 entre **5** et **6** (utiliser le passage aménagé) et de la D 152 en **8**

À DÉCOUVRIR...

> **En chemin :**
• allées des arbres aux enfants • étang du Loc'h
• moulin de Beg-Nénez
• rive de la Laïta

> **Dans la région :**
• Guidel : chapelle Saint-Fiacre, chapelles et fontaines

• 119

ÉCONOMIE
Marco Polo parle déjà du kaolin

Le gisement de kaolin de Ploemeur a été découvert en 1904 par Paul François. La roche est ici un granite blanc de l'anticlinal de Cornouaille qui s'est formé il y a 300 millions d'années. Le site est exploité par la Société Denain Anzin Minéraux. Il est passé d'une production artisanale de 2 000 à 160 000 tonnes aujourd'hui, soit la moitié de la production française. Grâce à plusieurs traitements, le site permet également de produire chaque année 200 000 tonnes de sable de quartz et 20 000 tonnes de mica, utilisé notamment dans l'industrie navale et automobile. Le kaolin était traditionnellement utilisé dans la fabrication de la porcelaine ; il entre aujourd'hui dans la composition de carrelages, fibre de verre, peintures et autres isolateurs haute-tension.

ETANG DU PETIT LOCH À GUIDEL / PHOTO F. L.D.

Les **sables** de **Ploemeur**

PR® 45

MOYEN

3H15 • 13KM

Tels les douaniers au début du siècle, longez le sentier côtier, les yeux rivés sur l'horizon bleuté. Quelques forts, aujourd'hui gardiens silencieux, parsèment la côte. Au loin, s'étale l'île de Groix.

❶ Sur le parking de la D 152 *(direction de Larmor-Plage)*, s'engager sur le sentier côtier au Sud. Passer la pointe du Courégant et déboucher sur la D 152.

❷ La traverser et aller en face. Après les habitations, prendre le sentier à gauche et se rendre à Kerguen. Après le hameau, poursuivre par la route, passer la chapelle Saint-Léonard et continuer sur 280 m.

❸ Prendre la route à gauche sur 100 m, couper la route transversale, puis continuer par le sentier qui traverse le site de Kaolin.

❹ À la bifurcation *(barrière)*, tourner à gauche. A l'intersection, virer à droite et longer Keryan par la gauche. Emprunter la route à gauche, couper la D 162E et poursuivre en face. Se faufiler entre les maisons de Kergoat et continuer vers l'étang de Lannénec. Passer sur la rive, puis arriver à Saint-Adrien.

❺ Traverser le hameau, puis tourner à droite pour rejoindre les berges de l'étang et continuer en direction de Fort-Bloqué.

❻ Couper la route et poursuivre à gauche dans la lande pour rejoindre la plage. Longer la côte à gauche sur 1 km, puis emprunter la D 152 à droite. Face au camping, s'engager sur le sentier à droite et retrouver le point de départ.

OPHRYS ABEILLE / DESSIN N.L.

S SITUATION
Ploemeur, à 5 km à l'Ouest de Lorient par la D 162

P PARKING
premier parking de la plage des Kaolins, à 3 km au Sud-Ouest du bourg

/ DÉNIVELÉE
altitude mini et maxi, dénivelée cumulée à la montée

32 m
5 m — 40 m

B BALISAGE
1 à 2 > blanc-rouge
2 à 5 > vert
5 à 6 > blanc-rouge
6 à 1 > vert

! DIFFICULTÉS !
traversée de la D 152 en **2** et de la D 162E entre **4** et **5**

À DÉCOUVRIR...

> En chemin :
• plage des Kaolins
• hameaux de Kerguen, Keryan et Saint-Adrien
• chapelle Saint-Léonard XVIIIe • étang de Lannénec
• Sentier d'interprétation des Kaolins

> Dans la région :
• Lorient : chalutier Victor Pleven, maison de la Mer, cimetière de bateaux, navire de découverte Thalassa, base de sous-marins de Keroman
• Hennebont : remparts

• 121

LES SENTIERS DE GRANDE RANDONNÉE
DANS LA RÉGION

GR® Sentiers de Grande randonnée®

GR 34	GR ou GR de Pays (GRP) publié. Les couleurs utilisées permettent de différencier les ouvrages référencés.
GR 347	GR ou GR de Pays non publié.
GR 38	GR ou GR de Pays non publié.
504	Référence des ouvrages GR et GR de Pays.
D045	Référence des ouvrages PR.
F007	Référence des ouvrages "à pied en famille"
P960	Ouvrage à paraître (cadre en tirets).

122 • LE MORBIHAN... À PIED

FFRandonnée
TopoGuides®
Randocitadines
Sur Cô… dan…
A pied en famille
GR®
Crêt… des…
Grande Randonnée
PR®
TopoGuides®
La Picardie
… à pied®
50 Promenades et Randonnées
Promenade & Randonnée
FFRandonnée
www.ffrandonnee.fr
Tout le catalogue en ligne
www.ffrandonnee.fr
Un choix de titres pour tous et dans toute la France.
Un catalogue très riche : 4 collections et 270 titres.
Des randonnées itinérantes et des promenades en famille.
Des nouveautés et des mises à jour tous les ans.
TopoGuides®
La meilleure façon de marcher
Création : Sarbacane Design

N'importe où...

mais jamais sans elle !

la Licence

Rejoignez un club et prenez votre licence ; vous bénéficierez :

→ **D'une assurance adaptée et performante**
→ **D'avantages et services**

Et en plus, vous contribuerez aux actions menées par la Fédération Française de la Randonnée Pédestre :

→ **Création** et balisage des itinéraires de randonnée (GR® - GRP® - PR®)
→ **Entretien** des chemins et sentiers de France
→ **Protection** de l'environnement

Rejoignez nous,
randonnez l'esprit libre

FFRandonnée
www.ffrandonnee.fr

Pour toute information :
Centre d'informations de la Fédération Française de la Randonnée Pédestre
www.ffrandonnee.fr – tél. 01 44 89 93 93

Gaz de France

Parce que votre passion est sans limite...

Passion Rando Magazine

le compagnon indispensable pour parcourir toute l'actualité de la rando en France comme à l'étranger

4 numéros par an pour :

+ de randos d'ici et d'ailleurs

+ d'infos pratiques

+ d'implication en faveur du développement durable

+ d'infos locales

SPÉCIAL ADHÉRENT

Vous êtes adhérents de la Fédération, vous pouvez payer votre abonnement à **Passion Rando Magazine** **4 € seulement** en même temps que votre cotisation annuelle (licence et Randocarte®).

Contactez votre club de randonnée ou votre Comité Départemental de la Randonnée Pédestre.

☒ **Oui**, je désire m'abonner à **Passion Rando Magazine**

● Abonnez-vous via Internet sur : **www.ffrandonnee.fr**, rubrique **« boutique »**
ou
● Abonnez-vous par courrier ; envoyez sur papier libre vos coordonnées accompagnées d'un chèque de **6€** **à l'ordre de FFRandonnée** à l'adresse suivante :

SIF FFRandonnée SEII télémat 14490 Litteau.

FFRandonnée
www.ffrandonnee.fr

Conformément à la loi informatique et liberté du 6 janvier 1978, vous disposez d'un droit d'accès et de rectification aux informations vous concernant.

RÉALISATION

✓ De nombreux partenaires ont participé à l'aboutissement du topo-guide réalisé par le Comité départemental de la randonnée pédestre du Morbihan sous la direction de son président, Alfred Osti.

✓ Il convient de remercier : le Conseil général du Morbihan, la Direction départementale de l'équipement (aménagement de la servitude de passage des piétons le long du littoral), le Comité départemental du tourisme, les Offices du tourisme et les Syndicats d'initiative, les Syndicats intercommunaux, les Groupements de communes, les Communes, les associations locales et les bénévoles.

✓ Les communes, pays d'accueil, communautés de communes, assurent le balisage et l'entretien des circuits aidés par les baliseurs de la Fédération française de la randonnée pédestre.

✓ Ont participé à la description des circuits : Pierre Beldame, Alain Bergeron, Claude Bondarneau, Clément Daniel, Monique Dubois, Bernard Lefèvre, Joseph Le Palud, Alfred Osti, Daniel Saingre et Valérie Bablée. `

✓ Le texte « Découvrir le Morbihan », les articles thématiques de découverte qui accompagnent les itinéraires et les introductions aux descriptifs ont été écrits par Tugdual Ruellan.

✓ La saisie de l'ensemble des textes, la recherche d'informations, de thèmes, d'illustrations ont été réalisés par Valérie Bablée.

✓ Coordination : Alfred Osti et Valérie Bablée

✓ Les photographies sont de Pierre Beldame (P.B.), Yvon Boëlle (Y.B.), Edmond Boucard (E.B.), Jacqueline et Jean Cantaloube (J.C.), Bernard Charmentray (B.C.), Patrick Chefson (P.C. / Bretagne Vivante – SEPNB), CDRP 56, CDT 56, Conservatoire régional de la carte postale (Cartopole), Conserverie La Quiberonnaise (C.L.Q.), Robert Coudray (R.C.), Philippe Dufour (Ph.D.), Christian Itty (C.I. / FDC 56), David Lédan (D.L.), Tiphaine Le Borgne (T.L.B. / mairie de St-Avé), François Le Divenah (F.L.D.), Pays d'accueil touristique de la vallée du Blavet (P.A.T.V.B.), Pierre Roudault (P.Ro.) et Valérie Bablée (V.B.).

✓ Les illustrations sont de Nathalie Locoste (N. L.) et Pascal Robin (P. R.).

✓ Montage du projet, direction des collections et des éditions : Dominique Gengembre. Assistant développement : Patrice Souc. Production éditoriale : Caroline Guilleminot. Secrétariat d'édition : Philippe Lambert, Marie Fourmaux. Cartographie et couverture : Olivier Cariot, Frédéric Luc. Mise en page et suivi de fabrication : Jérôme Bazin, Caroline Bardin, Caroline Le Guen, Céline Lépine. Lecture et corrections : Elisabeth Gerson, Marie-France Hélaers, Anne-Marie Minvielle, Gérard Peter, Michèle Rumeau.

Le Conseil général du Morbihan a été partenaire de la Fédération Française de la Randonnée Pédestre pour l'édition de ce topo-guide.

Prêt pour l'aventure

*Laissez-vous guider. Publicité non contractuelle.

eTrex Venture® Cx :
le meilleur rapport qualité/prix.

Ce GPS cartographique poids-plume est le compagnon idéal pour la randonnée, le cyclisme, le camping ou la pêche. Sur terre ou en mer, ce GPS portable vous permet de rallier toutes vos destinations favorites, en toute simplicité.

De conception robuste, l'appareil est étanche selon la norme IPX07 (30 mn sous 1 m d'eau) et dispose d'une batterie longue durée vous permettant de profiter toujours plus longtemps de vos loisirs préférés. L'eTrex Venture Cx dispose d'un écran 256 couleurs lisible en plein soleil et d'un port pour cartes MicroSD (cartographie outdoor, terrestre ou nautique en option).

Compact et équipé de nombreuses fonctions, l'eTrex Venture Cx est LE compagnon idéal pour les activités de plein air.

Modèle présenté avec cartographie optionnelle GPS Topo®.

Garmin®, fournisseur officiel de la **FFRandonnée**
www.ffrandonnee.fr

GARMIN™

Tous les GPS Garmin sont garantis deux ans,
avec possibilité d'une extension supplémentaire d'un an.

GARANTIE 2 ANS

www.garminfrance.com ▶ ▶ ▶ be guided by* ▶ ▶ ▶

GÉOGRAPHIQUE

A
Allaire, 73
Assenac, 95
B
Bieuzy-les-Eaux, 41
Bignan, 101
Bodieu, 51
Bois de Kérozer, 93
Bois de Trémelin, 115
Botségalo, 97
Branguily, 49
Bubry, 37
Butte du Dran, 69
C
Camors, 103
Campénéac, 57
F
Férel, 77
Fort-Bloqué, 121
G
Grand-Champ, 97
Guégon, 59
Gueltas, 49
Guer, 69
Guerlédan, 47
Guern, 45
Guidel, 119
I
Inguiniel, 35
Inzinzac-Lochrist, 115

K
Kerhéro, 99
Kernourz, 105
Kerscoulic, 29
L
La Gacilly, 71
La Gare, 111
Langonnet, 25
Le Bono, 105
Le Faouët, 27
Le Saint, 23
Lizio, 61, 63
Locuon, 31
M
Malestroit, 65
Mauron, 53
Mohon, 51
Montenauf, 67
Moulin de Quip, 73
Moustoir-Ac, 99
Muzillac, 81
N
Nostang, 113
Noyal-Muzillac, 83
P
Petit Bois, 103
Ploemel, 107
Ploemeur, 121
Ploërdut, 31
Ploeren, 95

Plouay, 29
Plouhinec, 111
Pointe du Grand Mont, 91
Pont-Scorff, 117
Porcaro, 67
Q
Questembert, 87
Quiberon, 109
R
Rochefort-en-Terre, 85
S
Saint-Aignan, 47
Saint-Avé, 93
Saint-Dolay, 75
Saint-Fiacre, 27
Saint-Gildas-de-Rhuys, 91
Saint-Jean, 45
Saint-Julien, 109
Saint-Laurent, 107
Saint-Léry, 53
Saint-Maur, 25
Saint-Nicolas-des-Eaux, 41
Saint-Trémeur, 23
Saint-Urchaud, 117
Sulniac, 89
T
Trégranteur, 59
Trégréhen, 81
V
Villeneuve Ellé, 119

THÉMATIQUE

UN PEU D'HISTOIRE
Partir tenter sa chance en Amérique, 22
Saint ermitage de Gildas et Bieuzy, 42
La rigole d'Hilvern sur le canal, 48
Légendes arthuriennes de Brocéliande, 54
Georges Cadoudal, chef chouan breton, 55
La très puissante famille des Rohan, 58
Passé prestigieux du manoir de Deil, 72
Les messages codés du sémaphore, 108
PATRIMOINE
Sérénité à l'abbaye de Langonnet, 24
Les chapelles Saint-Fiacre et Sainte-Barbe, 26
Au village de l'An Mil à Melrand, 38
Le camp médiéval des Rouëts, 50
Canal de Nantes à Brest à Malestroit, 64
L'école des officiers de Saint-Cyr, 68
Balade le long des îles du golfe, 79
L'abbaye des prières et ses vignes, 80
Le Gorvello sur Theix et Sulniac, 88

Trésor de l'abbaye de Sain-Gildas, 90
Le manoir du sire de Kermenguy, 96
Kerguéhennec, centre d'art contemporain, 100
Allée couverte et tumulus de Kernours, 104
Voyage au village de Saint-Laurent, 106
Quand les menhirs partent en balade, 110
GASTRONOMIE
Savoureuse andouille de Guémené, 32
Restaurateurs conquis par la châtaigne, 86
TRADITION
Le grand prix cycliste de Plouay, 28
A chaque canton sa coiffe, 32
Biniou, bombarde et bagadou, 39
Etonnant poète ferrailleur, 62
Les motards au pardon de Porcaro, 66
Toponymie entre Ker et Plou, 94
Pardon à Notre-Dame-des-Sept-Douleurs, 98
Le dernier sabotier du Morbihan, 102
ÉCONOMIE
Modèle agroalimentaire en évolution, 43

Barrage hydroélectrique de Guerlédan, 46
Usine et végétarium Yves Rocher, 70
Le barrage d'Arzal régule la Vilaine, 78
Du papier au moulin de Pen Mur, 82
Ardoisières de Rochefort-en-Terre, 84
Prospérité avec l'usine de Kerglaw, 114
Marco Polo parle déjà du Kaolin, 120
FAUNE ET FLORE
L'église abrite des chauves-souris, 34
La loutre, reine de l'onde, 44
La vie fourmille au sein de la lande, 56
Oiseaux des landes menacés, 60
La tourbière : fragile et vivante, 74
Essences rares au bois de Kerozer, 92
Au fond de la Ria d'Étel, 112
Le saumon remonte le Scorff, 116
Espace naturel du marais de Loch, 118

Achevé d'imprimer en France sur les presses de Jouve (Mayenne), sur papier issu de forêts gérées durablement.

DAWNLIGHT

BY

KACY BARNETT-GRAMCKOW

GRAM-CO-INK

Copyright 2014 by Kacy Barnett-Gramckow

Researched and written by Kacy Barnett-Gramckow
Editors: Kathi Macias, Jerry Gramckow

All rights reserved in all media. Without limiting the rights under the copyright reserved above, no part of this publication may be reproduced, stored in, or introduced into a retrieval system, or transmitted in any form or by any means (electronic, mechanical, photocopying, recording, or otherwise) without prior written permission.

For permission requests, please contact:
https://www.facebook.com/kacy.barnettgramckow
https://www.facebook.com/RJLarson.Writes/

Printed in U.S.A.
This is a work of fiction. Names, characters, places, events and incidents are either the products of the author's imagination or used in a fictitious manner. Any resemblance to actual persons, living or dead, or actual events is purely coincidental.

While every effort has been made to ensure the accuracy and legitimacy of the references, referrals, and links (collectively "links") presented in this e-book, Kacy Barnett-Gramckow is not responsible or liable for broken links or missing or fallacious information at the links. Any links in this e-book to a specific product, process, web site, or service do not constitute or imply an endorsement by Kacy Barnett-Gramckow of same, or its producer or provider. The views and opinions contained at any Links do not necessarily express or reflect those of Kacy Barnett-Gramckow.

Cover design by: Kacy Barnett-Gramckow
Image cover: Ekaterina Shamrai, Shutterstock

Scriptures referenced in this book are paraphrased, with the original Hebrew and Greek meanings scrupulously heeded.

Links and contacts for Kacy Barnett-Gramckow:
https://illuminatingthewordthroughfiction.blogspot.com
https://gram-co-ink.blogspot.com/2018/05/gram-co-ink-books-by-kacy-barnett.html
https://www.facebook.com/kacy.barnettgramckow